ARREST

DU

CONSEIL D'ETAT DU ROY,

donné à Versailles, Sa Majesté y étant,

le 18. Avril 1692.

au Rapport de Monseigneur l'Illustrissime & Reverendissime Archevêque de Paris, Duc & Pair de France, Commandeur des Ordres de Sa Majesté,

en forme de Reglement :

POUR le Chapitre de l'Eglise de Paris, & les Bénéficiers Prêtres de ladite Eglise ;

CONTRE *Maistres Alexis Percheron, Loüis le Blond, Charles Mercier, Christophle le Fevre, François Crevel & François Nicolas Jamin, Vicaires perpetuels des Eglises de Saint Germain de l'Auxerrois, Saint Martin des Champs, Saint Victor, Saint Maur des fossez, S. Marcel & Saint Denys de la Chartre ; en l'Eglise de Paris.*

Les Chapitres de S. Germain de l'Auxerrois & de Saint Marcel, Patrons Présentateurs des Vicairies desdites Eglises ;

Messire Jacques Testu Prieur de Saint Denys de la Chartre,

& les Chanoines, Chantre & Chapitre de Saint Maur des Fossez ;

A PARIS,

De l'Imprimerie de LAURENT RONDET, rue S. Jacques, vis-à-vis la rue de la Parcheminerie, à la Longue-Allée.

M. DC. XCII.

EXTRAIT DES REGISTRES
du Conseil d'Etat.

VU au Conseil d'Etat du Roy, Sa Majesté y étant, l'Arrest rendu en iceluy le 18. Avril 1691. sur ce qui auroit esté représenté à Sa Majesté, qu'il y avoit procèz pendant en la cinquieme Chambre des Enquestes du Parlement de Paris, au rapport du Sieur Jolly; Entre les Doyen, Chanoines & Chapitre de l'Eglise de Paris, d'une part: Et les six Grand-Vicaires ou Vicaires Perpetuels de ladite Eglise, d'autre part; auquel procèz étoient aussi parties les Chapitres de Saint Marcel & de Saint Germain de l'Auxerrois, Patrons Présentateurs de deux desdites Vicairies le Sieur Abbé Testu Prieur de Saint Denys de la Chartre, sous le nom & titre duquel Prieuré est une desdites Vicairies: Et encore tous les Bénéficiers Prêtres de ladite Eglise de Paris; Par lequel Sa Majesté a évoqué à sa personne ledit procèz & differend desdites parties, avec toutes leurs circonstances & dépendances, pour au rapport du Sieur Archevêque de Paris y être pourvu par Sa Majesté ainsi qu'il appartiendra; à l'effet de quoy toutes les productions & pieces dudit procèz seroient à la diligence des parties incessamment portées & mises és mains dudit Sieur Archevêque, à ce faire le Greffier de ladite Cour & autres dépositaires contraints, ce faisant, déchargez. Signification faite dudit Arrest à la Requête desdits Doyen, Chanoines & Chapitre de l'Eglise de Paris, tant ausdits six Grand-Vicaires ou Vicaires Perpetuels de ladite Eglise de Paris, qu'ausdits Chapitres de Saint Marcel & de Saint Germain de l'Auxerrois, & Sieur Abbé Testu Prieur de Saint Denys de la Chartre; & encore ausdits Bénéficiers Prêtres de ladite Eglise de Paris, aux domiciles de Maistres Nouette, Dartois & Saulnier leurs Procureurs en notredite Cour, par Exploit du 23. dudit mois d'Avril 1691. VU aussi ledit procèz & instances évoquez & cy-devant pendans audit Parlement; Entre Maistre Jacques de Bornes Prêtre, se disant Chanoine sémiprébendé de Saint Aignan en l'Eglise de Paris: Et les Doyen, Chanoines & Chapitre de ladite Eglise de Paris; appellans comme d'abus de l'éxecution d'une signature de Cour de Rome, expédiée au profit de Maistre Noël Tharon, & défendeurs en évocation du principal pendant aux Requêtes du Palais: Et Maistre Adrien Morissant Vicaire de Saint Aignan en l'Eglise de Paris; & les Chanoines & Bénéficiers de Saint Denys du Pas & de Saint Jean le Rond, Machicots & Enfans de Chœur de ladite Eglise de Paris, Intervenans

A

avec lesdits Sieurs du Chapitre ; Maistre Claude Rufin Vicaire de S.
Aignan, aussi Intervénant, d'une part : Et ledit Maistre Noël Tharon
Grand Vicaire de ladite Eglise, pourvu de l'une des deux Prébendes,
vulgairement dites de S. Aignan, Intimé & Demandeur en Requête
d'évocation dudit principal : Et Maistre Abraham Blondel Chanoine
Sémiprébendé dudit S. Aignan en ladite Eglise de Paris , & Souchantre d'icelle Eglise ; Demandeur en Requête d'intervention & joint avec
ledit Tharon : Et encore Messire François de Harlay Archevêque de
Rouen, Primat de Normandie, Abbé de l'Abbayïe de Saint Victor-lez-
Paris, Maistre Jacques Vignier Prieur Commendataire du Prieuré de
S. Martin des Champs, & les Doyen, Chanoines & Chapitre de l'E-
glise de S. Marcel-lez-Paris, aussi Intervenans , d'autre part. Requête
dudit Rufin audit nom du 12. Juin 1621. à ce QU'ATTENDU que par
les Arrests qui ont reglé la Collation des Bénéfices affectez aux Choristes
des Eglises Cathédrales & Collégiales , les anciens sont préférez aux
nouveaux, & que le Chapitre de l'Eglise de Paris en a ainsi usé en la
Collation de la Prébende en question il n'y a que deux ans, & qu'il y
a soixante ans & plus que ledit Rufin a commencé, & continué depuis à faire service à ladite Eglise ; il fust reçu partie intervenante en
l'instance pendante en ladite Cour entre lesdits Sieurs du Chapitre, de
Borne & Tharon , faisant droit sur l'intervention dudit Rufin ordonné
qu'il seroit préféré ausdits de Borne & Tharon en l'obtention de ladite
Prébende, comme étant l'ancien, & qu'en ce faisant lesdits Sieurs du
Chapitre seroient condamnez luy bailler provision de ladite Prébende,
& l'installer en la possession d'icelle, en laquelle il seroit maintenu sans
avoir égard aux droits prétendus par lesdits Tharon & de Bornes, lesquels seroient deboutez du droit qu'ils y prétendoient, avec condamnation de dépens, dommages & intérests. Autre Requête dudit Maître Jacques Vignier Prieur de S. Martin des Champs , & à cause dudit
Prieuré Collateur du Prieuré de S. Denys de la Chartre du 25. Janvier
1622. à ce qu'attendu qu'à cause de sondit Prieuré de Saint Martin des
Champs, il étoit Patron & avoit droit de présenter à deux des six Vicairies fondées en l'Eglise de Paris il fût reçu partie intervenante en
l'instance pour y déduire son interest. Autre Requête dudit Messire
François de Harlay Archevêque de Rouen, Abbé de S. Victor , du
même jour 25. Janvier 1622. à ce qu'attendu qu'à cause de ladite Abbayïe il étoit Patron, & avoit droit de présenter à une des six Grand'
Vicairies fondées en l'Eglise de Paris ; il fût pareillement reçu partie
intervenante en l'instance pour y déduire ses interests. Autre Requête
desdits Doyen, Chanoines & Chapitre de l'Eglise Collégiale de Saint
Marcel-lez-Paris du 26. dudit mois de Janvier 1622. à ce qu'ils fûssent
aussi reçus parties intervenantes en l'instance pour y déduire leurs interests. Arrest de ladite Cour de Parlement de Paris du 3. Février
audit an 1622. par lequel elle a évoqué à elle l'instance de complainte
pendante aux Requêtes du Palais, & pour y faire droit, ensemble sur

l'appel comme d'abus, appointé les Parties au Conseil à écrire, produi-
re & contredire dans le temps de l'Ordonnance. AUTRE INSTANCE
Entre ledit Maître Abraham Blondel, Chanoine & Souchantre en
l'Eglise de Paris, les Doyen, Chanoines & Chapitres des Eglises Collégiales de S. Marcel-lez-Paris & de S. Germain de l'Auxerrois, Maîtres
Antoine Bretesche, Pierre Heudebert & Nicolas Pelletier Grand-Vicaires en ladite Eglise de Paris, Parties jointes avec ledit Blondel par
Arrest du 20. Aoust 1622. demandeurs en entérinement de Lettres
obtenuës en Chancellerie le 30. Avril précédent; Et encore ledit Blondel incidemment Défendeur d'une part : Et les Doyen Chanoines &
Chapitre de ladite Eglise de Paris, Défendeurs & incidemment Demandeurs, suivant leurs défenses du 10. Septembre audit an 1622. d'autre part. Copie desdites Lettres obtenuës en Chancellerie le 30. Avril
1622. par ledit Blondel, pour être reçu à articuler les faits & abus y
contenus cy après expliquez, & en requerir incidemment le reglement
& réformation, nonobstant qu'ils eussent esté employez & articulez
disertement par sa Requête en plaidant lors du susdit Arrest d'appointé au Conseil du 3. Février 1622. & que sur chacune de ses demandes
contenuës esdites Lettres il y fust fait droit conjointement, en procedant au Jugement de l'appel comme d'abus interjeté par lesdits Doyen,
Chanoines & Chapitre de l'Eglise de Paris, lesdits faits & demandes
contenus esdites Lettres, consistans à ce QUE la partition abusive faite
entre lesdits Chanoines des Collations des Bénéfices dépendans de ladite Eglise de Paris, fût cassée & déclarée de nul effet & valeur, &
ordonner qu'ils seroient conferez à l'avenir en commun par tous les
Chanoines duement assemblez en leur Chapitre, & non point séparé-
ment par chaque Chanoine en particulier, ni même par ledit Chapitre sur la presentation de chaque Chanoine. QUE notamment les
quatorze Chapelles de ladite Eglise qui ont esté précisémenr affectées
aux Choristes d'icelle, par les conclusions dudit Chapitre des années
1580. & 1587. leur seroient réapliquées & réservées vacation arrivant
d'icelles, & que tant lesdites Chapelles qu'autres Bénéfices qui pour-
roient être déclarez affectez ausdits Choristes, leur seroient conférez
à l'avenir à tour de rôlles selon l'antiquité de leur réception, sans qu'il
fût loisible de préférer les plus jeunes aux anciens. QUE l'abus pratiqué en ladite Eglise de bailler un seul mereau à chaque Chanoine,
pour toutes les sept Heures canoniales qui se disent de jour en assistant par luy à l'une d'icelles seroit réformé, & que ledit mereau qu'on
appelloit *Horæ*, seroit divisé en sept especes, qui seroient distribuées à
chacune Heure canoniale aux Chanoines qui y assisteroient. QUE
défenses leur seroient faites de tenir aucun Chapitre durant la Grand'-
Messe, le tout suivant les Saints Decrets, & aux peines contenuës par iceux. QU'A chacune desdites Heures canoniales mereaux
seroient aussi distribuez aux six Grand-Vicaires & Chapelains de ladite
Eglise qui y assisteroient, la valeur desquels mereaux seroit proportionnée

à la qualité de leurs Bénéfices. QUE pour donner un fonds fuffifant à l'entretien du Service de ladite Eglife, la moitié du revenu temporel d'icelle feroit diftraite des gros fruits que lefdits Chanoines fe font réfervez de leur authorité, & qu'ils gagnent fans rendre aucune affiftance à ladite Eglife; pour être employée en diftributions quotidiennes au profit de ceux qui affifteroient aufdites Heures canoniales, fuivant lefdits faints Decrets & Reglemens donnez par ladite Cour en cas femblable. QUE pareillement defdits gros fruits feroient diftraites les terres qui fe trouveroient avoir efté affectées aux Obits & Anniverfaires de ladite Eglife, pour être mis à l'entretien de leur premier Office & deftination. QUE les baux faits à la vie canoniale d'aucuns defdits Chanoines feroient auffi caffez & refolus, pour eftre les terres baillées au plus offrant & dernier enchériffeur: & QUE la Charge & Office de Diftributeur de ladite Eglife feroit renouvelée d'an en an, ou de deux ans en deux ans au plus; comme les autres Charges de ladite Eglife. Lefquels Faits & Reglemens ne pûrent être plaidez par l'Avocat dudit Blondel fi diftinctement & amplement comme il étoit requis, & avoit defiré. Défenfes defdits Doyen, Chanoines & Chapitre de Paris du 17. Septembre 1622. contenant leur demande incidente; à ce QUE défenfes fuffent faites audit Blondel tant & fi longuement qu'il feroit pourvu d'une des deux Sémiprébendes de S. Aignan, de fe dire, porter ni qualifier purement & fimplement Chanoine de l'Eglife de Paris, ains qu'il luy feroit enjoint de prendre la qualité qui eft dûe à fon Bénéfice; favoir, Chanoine fémiprébendé de S. Aignan en l'Eglife de Paris, à peine de privation du revenu & droits de fadite Chanoinie & Sémiprébende, qui feroient donnez & aumônez à l'Hôtel-Dieu de Paris. Appointement en droit & joint du 28. Septembre 1622. AUTRE INSTANCE Entre lefdits Doyen, Chanoines & Chapitre de Saint Germain de l'Auxerrois, Bretefche, Heudebert & Pelletier efdits noms Demandeurs en Requefte du 16. Juillet 1622. d'une part, & lefdits Sieurs du Chapitre de Paris, les Choriftes de ladite Eglife & ledit Tharon Deffendeurs d'autre; La Requefte des Demandeurs dudit jour 16. Juillet 1612. tendante afin d'eftre reçus parties intervenantes en l'inftance dudit Blondel avec lefdits Abbé de Saint Victor, Prieur de Saint Martin des Champs, & Chapitre de Saint Marcel pour y déduire leurs interefts. Appointement en droit & joint du 3. Avril 1623. Acte de reprife faite au Greffe de ladite Cour le 29. Mars 1623. par le fieur Cardinal Ludovify Prieur de Saint Martin des Champs au lieu de Maiftre Jacques Vigner vivant Prieur Commendataire & dernier titulaire immediat dudit Prieuré. AUTRE INSTANCE Entre lefdits Chapitres de S. Marcel & S. Germain de l'Auxerrois, Bretefche, Heudebert & Pelletier efdits noms, Demandeurs en Requefte du 19. May 1623. incidemment Défendeurs, & encore Demandeurs en complainte fuivant leurs repliques du 4. Juillet enfuivant d'une part, & lefdits Doyen Chanoines & Chapitre de l'Eglife

de

de Paris Defendeurs & incidemment Demandeurs fuivant leurs déf-
fenfes du 28. Juin audit an d'autre ; & encore Entre ledit fieur de Harlay Archevefque de Rouen, Abbé de Saint Victor Demandeur en
Requefte du 7. dudit mois de Juillet 1623. d'une part & lefdits du
Chapitre de Paris Defendeurs d'autre. Ladite Requefte du 19. May
1623. contenant la demande defdits Chapitres de Saint Marcel & de S.
Germain de l'Auxerrois, Heudebert, Bretefche & Pelletier Grand-Vicaires en l'Eglife de Paris ; à ce QU'IL pluft à ladite Cour fefant droit
fur leurs premieres Requeftes & en entérinant les lettres obtenues par
ledit Blondel en tant que touche l'intèreft qu'ils y avoient, au lieu d'affecter leurs Bénéfices aux Goriftes de ladite Eglife, caffer la partition
faite entre lefdits Chanoines de l'Eglife de Paris des Bénéfices qui
font en la pure collation dudit Chapitre pour en diftraire tel nombre qu'il plairoit à ladite Cour, afin de les affecter aufdits Coriftes,
ou dumoins les quatorze Chapelles qui leurs avoient efté affectées
cy-devant par plufieurs Conclufions capitulaires : & vu que chacun
des Grand-Vicaires defdites Communautez doit jouïr de tout le revenu d'une Prébende entiere, exceptez les gros fruits dont aucuns de
leurs Patrons jouïffoient en tout ou partie, ordonner qu'ils recevroient
toutes les efpeces de diftributions de ladite Eglife égales aux Chanoines, &
notamment aux Heures canoniales où il leur feroit délivré un Mereau *Horæ* d'égale valeur à celuy defdits Chanoines, lequel ils pour-
roient gagner diftributivement par chacune d'icelles Heures au cas
que lefdits Chanoines y fuffent pareillement affujétis, & non autrement : & afin que lefdits Grand-Vicaires puffent avoir plus de
moyen de s'entretenir de leurs Bénéfices, & tirer plus de fruit du ré-
tabliffement des anciennes fondations d'Obits & Anniverfaires de ladite Eglife délaiffez ou mal entretenus ; ordonner que les terres & revenus qui y eftoient premierement affectez, & qui depuis ont efté
appliquez aux gros fruits des Chanoines, en feroient diftraits pour eftre
reünis à leur premier eftat & office ; & qu'au furplus defdites terres
qui demeureront refervées aux gros fruits defdits Chanoines, les Eglifes & Communautez réprefentées par lefdits de S. Marcel, S. Germain de l'Auxerrois, Bretefche, Heudebert & Pelletier, y participe-
roient également comme les autres Chanoines ; & pour faciliter leur
régalement tant des gros fruits que des diftributions quotidiennes qui
leurs manquoient & y trouver un fonds plus promptement ; ordonner que les deux baux faits à vil prix à la vie du fieur Ruellé, des
Terres & Seigneuries de Bagneux, Fontenay & le Pleffis-Piquet ; &
de Maiftre Bertrand Prevoft, de la Terre & Seigneurie de Dammart ; feroient caffez & refolus, pour eftre icelles Terres rebaillées au plus offrant & dernier enchériffeur, & eftre le prix & l'augmentation d'en-
chere appliqué au fupplémenr des diftributions quotidiennes & gros
fruits qui doivent eftre affignez aufdits de S. Marcel, S. Germain de
l'Auxerrois, & Grand-Vicaires ; & enfin pour ofter le grief qu'a-

B

soient lesdits Grand - Vicaires, particulierement en la perpétuité d'un grand-Distributeur de ladite Eglise, ordonner qu'il seroit renouvelé de deux ans en deux ans comme les autres Officiers d'icelle Eglise ; & au cas qu'il fust continué plus long-temps, que défenses luy seroient faites de tenir plus grande rigueur directement ou indirectement ausdits Grand - Vicaires qu'aux Chanoines aux assistances du Service Divin. Défenses desdits Doyen Chanoines & Chapitre de l'Eglise de Paris du vingt-huit Juin mil six-cent vint-trois contenant demande incidente A CE QU'IL fust dit que lesdits Chapitres de Saint Marcel & Saint Germain de l'Auxerrois, seroient tenus, vacation arrivant des Vicairies qui sont en leur présentation & à la collation dudit Chapitre de Paris, de présenter des personnes capables & de la qualité requise par les Bulles des Papes Urbain V. Clement VII. & Jean XXIII. à peine de privation de leur droit de présenter, avec défenses à eux d'adresser Lettres de présentation au Pape à son vicegerant ny autre qu'ausdits Doyen, Chanoines & Chapitre de l'Eglise de Paris sur les mêmes peines. QUE les Vicairies perpetuelles desdits Bretesche, Heudebert & Pelletier demeureroient, & seroient declarées affectées aux Enfans de Chœur, & Bénéficiers de l'Eglise de Paris, nourris & instruits aux cérémonies de ladite Eglise, suivant & conformément aux susdites Bulles ; QUE lesdites Vicairies ne pourront estre conférées par quelque genre de vacation qu'elles puissent vacquer, sinon par lesdits du Chapitre de Paris, à personnes de la qualité requise par lesdites Bulles ; & enfin que défenses fussent faites ausdits Bretesche, Heudebert & Pelletier, de bailler autre titre à leurs Vicairies, sinon de Vicaires perpetuelles n'y de se dire, nommer ny qualifier autrement que Vicaires pérpetuels en l'Eglise de Paris. RE-PLIQUES desdits Doyen, Chanoines & Chapitres de S. Marcel & S. Germain de l'Auxerrois, Bretesche, Heudebert & Pelletier, Grand-Vicaires en l'Eglise de Paris du 4. Juillet 1623. contenant demande en cas de complainte saisine & nouvelleté pour le trouble à eux fait tant en la qualité desdites Grand - Vicairies qu'en la liberté d'icelles, & au droit d'y présenter telles personnes que bon leur semblera, & les résigner librement entre les mains de N. S. P. le Pape ; à ce qu'ils soient maintenus & gardez en leur possession ancienne & immemoriale, savoir lesdits Patrons de présenter audit Chapitre telles personnes capables que bon leur semblera pour estre pourvus desdites Grande-Vicairies lors qu'elles vacqueront par mort, résignation ou autrement sans estre tenus de les donner aux serviteurs ou Officiers dudit Chapitre de Paris, que luy-même doit récompenser du grand nombre de Benefices qu'il a en sa collation sans les récompenser aux dépens desdits Patrons ; & lesdits Grand Vicaires de jouïr librement de leurs Grande-Vicairies, icelles permuter & résigner aussi librement, soit entre les mains de Nostre Saint Pere le Pape, soit entre les mains dudit Chapitre comme tous autres Bénéfices ecclesiasti-

ques ; & enfin en poffeffion & faifine de fe dire, nommer & qualifier, Grand - Vicaires en ladite Eglife de Paris, comme répréfen-
tans autant de Chanoines d'icelle Eglife. Requefte dudit Meffire
François de Harlay Archevêque de Rouen, Abbé de Saint Victor,
du 7. Juillet 1613. à ce qu'il foit reçu partie intervenante, & joint
aux Lettres dudit Blondel. Appointement en droit, & joint du
premier Aouft 1613. Copie fignifiée de procuration paffée devant les Notaires du Châtelet de Paris le 28. Novembre 1624. par
ledit Heudebert, l'un des Grand - Vicaires en l'Eglife de Paris, par
laquelle il s'eft defifté des inftances aufquelles il eftoit partie avec les
autres Grand - Vicaires, & leurs Patrons, & a revoqué Maiftre André de Longmont Procureur qui a occupé pour luy efdites inftances.
AUTRE INSTANCE entre Meffire Charles Berlant Confeiller & Aumonier de Sa Majefté, Doyen du Pleffis lez Tours, Prieur
de Saint Denys de la Chartre, Demandeur en intervention. & adhérant aux conclufions prifes au Procèz par les autres Patrons defdits
Grand - Vicairies, fuivant fa Requefte du 5. Decembre 1624. d'une
part, & lefdits du Chapitre de Paris Defendeurs d'autre. Arreft
d'appointé en droit & joint du 17. dudit mois de Decembre 1624.
Arreft du Confeil privé du Roy du 10. Fevrier 1628. par lequel fans
s'arrefter à la Requefte dudit fieur Cardinal Ludovify Prieur de S.
Martin des Champs du 13. Novembre 1625. tendant afin d'évocation & de renvoy en un autre Parlement ; toutes les Parties ont efté
renvoyées en la cinquieme Chambre des Enqueftes de ladite Cour
pour y procéder fur leurs Procèz & differends circonftances & dépendances fuivant les derniers erremens : Arreft de rétention du 26.
Mars 1626. INSTANCE entre lefdits Doyen, Chanoines, & Chapitre des Eglifes Collégiales de S. Marcel & Saint Germain de l'Auxerrois, Bretefche, & Pelletier, Grand-Vicaires en l'Eglife de Paris,
Demandeurs en Requefte du 26. Octobre 1624. d'une part ; & lefdits
fieurs du Chapitre de Paris ayant pris la caufe pour Meffire Guillaume Ruellé Confeiller en ladite Cour Chantre de ladite Eglife de
Paris, Maiftre Bertrand le Prevoft Chanoine en ladite Eglife, &
Maiftre Dominique Seguier auffi Confeiller en ladite Cour & Doyen
d'icelle Eglife, Defendeurs, d'autre. La Requefte dudit jour 26. Octobre 16... contenant la demande defdits de S. Marcel, S. Germain de
l'Auxerrois, Bretefche & Pelletier, à ce QU'IL pluft à ladite Cour en
procédant au jugement du Procèz principal & des inftances y jointes, caffer & annuller les baux à ferme faits aufdits fieurs Ruellé,
le Prevoft & Seguier, par ledit Chapitre de Paris, des Terres & Seigneuries y mentionnées, & tous autres faits aux autres Chanoines de
ladite Eglife de Paris : ordonner qu'icelles Terres feroient affermées au
plus offrant & dernier enchériffeur : & que de l'augmentation du prix,
les Grand - Vicaires feront payez de leurs diftributions pour affifter à
la Meffe & aux Heures canoniales ainfi que les autres Chanoines. QUE

lefd. deux Chapitres de S. Marcel de & S. Germain de l'Auxerois, feroient auffi payez par fupplément des gros fruits qui leur font dus & qu'à cette fin ledit fieur Seguier Doyen feroit tenu de rapporter les cinq cens livres qu'il devoit de retour audit Chapitre de la Terre de Mons & Ablon qui ne luy devoit valoir que 800. livres pour fes deux gros, pour eftre employez à fuppléer aufdites diftributions. Appointement en droit & joint du 5. Juin 1627. Arreft du 18. Janvier 1628. par lequel les appointemens des 28. Septembre & premier Aouft 1623. ont efté déclarez communs avec ledit fieur Cardinal Ludovify. Arreft du Confeil privé du Roy du 27. Juillet 1638. rendu entre ledit Maiftre Jacques de Borne Prêtre Chanoines fémiprébendé de Saint Aignan, expédiée au profit de Maiftre Michel le Mafle Prieur des Roches Chantre & chanoine de ladite Eglife de Paris, le 11. Juin 1635. & encore de l'exécution d'autre fignature & provifion de ladite Cour de Rome de la même Chanoinie & Sémiprébende de Saint Aignan expédiée au profit de Maiftre Paul Chevalier Vicaire perpetuel de S. Maur des Foffez en ladite Eglife de Paris fur la réfignation dudit le Mafle le 19. Aouft audit an 1635. & Demandeur en Requefte préfentée à ladite Cour le 8. Janvier 1636. afin d'évocation de l'inftance de regrès pendante aux Requeftes du Palais d'une part, & ledit Maiftre Michel le Mafle cy devant pourvu en Cour de Rome de la Chanoinie & Sémiprébende de Saint Aignan fur la réfignation de Maiftre Charles Boullanger réfignataire dudit de Borne. Et ledit Maiftre Paul Chevalier auffi pourvu en Cour de Rome de ladite Chanoinie & Sémiprébende fur la réfignation dudit le Mafle Intimez & Defendeurs d'autre. Et entre lefdits Doyen, Chanoines & Chapitre de l'Eglife de Paris auffi Appelans comme d'abus de l'exécution defdites fignatures & provifions de Cour de Rome de ladite Chanoinie & Sémiprébende expédiées au profit defdits le Mafle, Chevalier & Boullanger le premier Octobre 1634. d'autre : Les Chanoines & Curez de Saint Jean le Rond, les Chanoines de Saint Denys du Pas, les Vicaires de Saint Aignan, les Machicots Clercs de Matines, Chantres & Enfans de Chœur de ladite Eglife de Paris Intervenans & Demandeurs en Requefte du 9. May 1636. afin d'eftre auffi reçus Appellans comme d'abus de l'exécution defdites fignatures d'autre : Lefdits le Mafle, Chevalier, & Boulanger, Intimez & Defendeurs d'autre : Et encore lefdits du Chapitre de Paris Demandeurs en Requefte préfentée au Confeil le 4. May 1638. afin de faire déclarer l'Arreft qui interviendroit commun avec Maiftre Robert Hincelin, pourvu de l'autre Chanoinie Sémiprébende de Saint Aignan ; ce fefant que defenfes luy fuffent faites de réfigner pour caufe de permutation en faveur ni autrement en Cour de Rome ou Legation, d'une autre part : Et ledit Hincelin Chanoine fémiprébendé dudit S. Aignan, Défendeur, d'autre. Par lequel Arreft il eft dit qu'il a efté mal & abufivement exécuté, en ce qui étoit de la provifion de la Cha-

noinie

noinie & Sémiprébende de Saint Aignan défervie en l'Eglife de Paris ;
les Doyen, Chanoines & Chapitre de ladite Eglife maintenus & gardez en la poffeffion & jouïffance de conférer feuls ladite Chanoinie &
Sémiprébende , à ceux qui auront efté Enfans de Chœur, Chantres,
Machicots & Clercs de Matines, élevez & nourris au Chant & Cérémonies de ladite Eglife, fans qu'elle puiffe être réfignée en Cour de
Rome ni Légation ; avec défenfes aufdits de Borne, Boulanger, le Mafle,
Chevalier & tous autres, de les y troubler, ni empêcher directement
ni indirectement : Et neanmoins ayant aucunement égard aux offres
dudit le Mafle, portées par fa Requête du dernier Mars 1 6 3 8. pour
cette fois feulement & fans titer à conféquence, lefdits du Chapitre
de Paris accepteroient la fondation de 400. livres de rente annuelle &
perpetuelle offerte par ledit le Mafle , pour employer à la dotation
d'un Bénéfice qui feroit par eux erigé en ladite Eglife, pour demeurer
à perpétuité affecté aux Enfans de Chœur , Machicots, & Clercs de
Matines *ad inftar* des autres Bénéfices de Saint Aignan , Saint Jean
le Rond, Saint Denys du Pas, & Sainte Catherine, defervis en ladite
Eglife de Paris ; après laquelle fondation faite par ledit le Mafle ac-
ceptée & décrétée par ledit Chapitre de Paris, le Concordat paffé
entre lefdits Boulanger & de Borne feroit exécuté avec ledit Chevalier auquel lefdits du Chapitre de Paris donneroient provifion &
inftallation de ladite Chanoinie & Sémiprébende de Saint Aignan ,
nonobftant qu'il ne fuft de la qualité requife ; & pour l'exécution dudit Concordat pafferoient lefdites Parties toutes procurations requi-
fes & néceffaires fans que ledit Chevalier puiffe à l'avenir réfigner
ladite Chanoinie - fémiprébende de Saint Aignan en autres mains que
celles defdits du Chapitre de Paris, & à perfonnes de la qualité requife, à peine de nullité de la réfignation en conféquence fur la demande en regrès dudit de Borne , les Parties mifes hors de Cour &
de procèz : l'Arreft déclaré commun avec ledit Hincelin ; défenfes
à luy de réfigner l'autre Chanoinie & Sémiprébende de Saint Aignan
dont il eft pourvu en autres mains que celles dudit Chapitre de Paris ; auffi, à perfonne de la qualité requife, fur les mêmes peines. Et
afin qu'à l'avenir femblable conteftation ne puiffe pas arriver ny diminuer le luftre du fervice Divin en ladite Eglife de Paris, que vacation arrivant par quelque genre que ce foit des deux Chanoinies-
fémiprébendes, & deux Vicairies de Saint Aignan , des huit Prébendes de Saint Jean le Rond , des dix Prébendes de Saint Denys
du Pas, & de la Chapelle de Sainte Catherine défervie en ladite
Eglife de Paris, lefdits du Chapitre de Paris feront tenus de les conférer à ceux qui auront efté Enfans de Chœur, Chantres, Machicots,
& Clercs de Matines en ladite Eglife de Paris , inftruits au chant,
fervice & cérémonies d'icelle Eglife ; & non à autres : fans que lefdits
Bénéfices puiffent eftre réfignez purement & fimplement, en faveur, par
permutation, ou autrement, en Cour de Rome, ou Légation ; par ceux

C

qui en font & feront pourvus à l'avenir : à l'éffet dequoy lefdits du
Chapitre de Paris feront dans quinzaine un Statut, pour regler le temps
du fervice de ceux qui pouront eftre pourvus defdits Bénéfices : lequel Statut ils feront homologuer en ladite Cour de Parlement &
ailleurs où befoin fera ; avec tres-expreffes inhibitions & défenfes
aufdits du Chapitre de Paris & tous autres de contrevenir à ce Reglement, à peine de nullité de ce qui fera fait au contraire ; fans préjudice du procèz pendant & indécis en ladite cinquiéme Chambre
des Enqueftes pour raifon de l'affectation aufdits Coriftes, des fix
Vicairies perpétuelles de Saint Victor, Saint Martin des Champs,
Saint Denys de la Chartre, Saint Maur des Foffez, Saint Germain
de l'Auxerrois, & Saint Marcel, défervies en l'Eglife de Paris : entre
lefdits du Chapitre de Paris, les Bénéficiers, Chantres, Machicots,
Clercs de Matines, & Enfans de Chœur d'icelle Eglife de Paris d'une
part : & les préfentateurs defdits fix Vicairies, & aucuns des pourvus
d'icelles, d'autre. Statut dudit Chapitre de Paris, fait en exécution,
& en conformité dudit Arreft, daté du 9. Aouft de ladite année 1638.
Lettres Patentes confirmatives données à Abbeville au même mois
d'Aouft : & Arreft de vérification & enregiftrement d'icelles & dudit Statut en ladite Cour de Parlement du 23. defdits mois & an.
Reprife faite dudit procèz au Greffe de ladite Cour le 12. May 1685,
par Maiftre François le Marchand, Pierre Alexis Percheron, Georges Robert, Louis le Blond, Charles Mercier & Chriftophle le Fevre, tous fix Grand-Vicaires en ladite Eglife de Paris, au lieu defdits Bretefche, Pelletier & autres cy-devant Titulaires defdites Prébendes. INSTANCE entre lefdits le Marchand, Percheron,
Robert, le Blond, Mercier & le Fevre Grand-Vicaires, Demandeurs
en Requête du 3. Juillet 1686. & Défendeurs d'une part : & lefdits
Doyen, Chanoines & Chapitre de l'Eglife de Paris, Défendeurs &
incidemment Demandeurs fuivant leurs Défenfes du quatre Février
1687. d'autre. Ladite Requête du 3. Juillet 1686. contenant la Demande defdits fix Grand-Vicaires, à ce qu'il plût à ladite Cour leur
donner Acte de ce qu'ils perfiftoient dans les Demandes faites par
leurs Prédéceffeurs, & en conféquence. LES maintenir & garder en la
poffeffion ancienne & immémoriale en laquelle ils ont toûjours efté
de joüir librement de leurs Bénéfices & du droit d'en difpofer par
réfignation & permutation foit entre les mains de Notre Saint Pere le
Pape, foit de leurs Patrons, fans qu'ils puiffent eftre affujétis à l'affectation que le Chapitre de Paris a voulu entreprendre de faire defdits
Bénéfices aux Chantres de ladite Eglife. LES maintenir pareillement
dans le droit & la poffeffion de fe dire & nommer comme ils ont toûjours fait & que le Chapitre les a qualifiez Grand-Vicaires en ladite Eglife de Paris. Ordonner QUE toutes les efpeces de diftributions
qui fe font en ladite Eglife feront payées & délivrées aufdits fix
Grand-Vicaires égales aux Chanoines, notamment pour toutes les

Heures canoniales ; & que tous ceux qui n'affifteront pas aufdites Heures feront marquez abfens fur le Livre de la Pointe, & privez de la diftribution de chaque Heure à laquelle ils n'auront pas affifté ; & à cet effet, qu'il y aura diftribution fixe & arreftée pour chaque Heure de l'Office. QUE la moitié du revenu de ladite Eglife non chargée d'Obits, de Services & de Fondations, fera employée aux diftributions quotidiennes pour l'affiftance à l'Office, fans que le Chapitre puiffe pour quelque caufe & occafion que ce foit changer la deftination de la moitié du revenu, ny l'employer à d'autres ufages. QUE les domaines & revenus qui ont efté donnez & aumônez à ladite Eglife de Paris pour fondations d'Obits anniverfaires & autres Offices qui fe célébrent & doivent eftre célébrez en ladite Eglife de Paris & qui depuis les Conceffions faites par les Fondateurs ont efté intervertis & appliquez aux gros fruits des Chanoines, en feront diftraits pour eftre employez à leurs premiers offices & deftinations, conformement aux fondations ; fans qu'à l'avenir ils puiffent employer les revenus deftinez pour lefdits Obits anniverfaires & Fondations à d'autres ufages qu'aux diftributions qui en doivent eftre faites à ceux qui affifteront aufdits Services fuivant l'intention des Fondateurs. QUE s'il fe trouve encore des Terres & Domaines de ladite Eglife baillez à vil prix à quelques uns des Chanoines pour leur vie canoniale, ils feront caffez & révoquez, & l'augmentation qui en proviendra employée aux diftributions quotidiennes du Chœur. QUE lefdits Grand. Vicaires auront pareilles diftributions de pain que lefdits Chanoines qui eft quatre pains par jour. QU'EN affiftant par lefdits fix Grand Vicaires à l'Obit du Sel fondé par Louis XII. & qui fe celebre le 4. Janvier, auquel jour il fe doit diftribuer deux muids de fel qui font donnez à cet effet par Sa Majefté ; lefdits fix Grand - Vicaires auront chacun pareille diftribution de fel que chacun defdits Chanoines. FAIRE Défenfes aufdits du Chapitre de vendre les Maifons du Cloitre de ladite Eglife, & de partager entre eux le prix en provenant. Ordonner que ceux qui en tiennent à vie Canoniale ne les pourront pas vendre ny réfigner ; & que lors qu'elles viendront à vaquer, les logemens d'icelles feront baillez fuivant leur premiere & ancienne deftination tant aux Chanoines qu'aufdits Grand - Vicaires, en forte qu'ils puiffent eftre tous commodément logez, fans eftre obligez à louer des logemens à prix exorbitant dans le Cloiftre, ny eftre contrains de fe loger ailleurs : & fubfidiairement en cas qu'il fe rencontre quelque difficulté pour abolir l'ufage abufif dudit Chapitre, de vendre lefdites Maifons du Cloiftre ; ordonner QUE lefdits Grand.Vicaires auront la faculté d'acheter & de poffeder des Maifons clauftrales comme leurs prédéceffeurs en ont poffedé & de la mefme maniere que les autres Chanoines de ladite Eglife les achetent & les poffedent : & que les deniers qui proviendront de la vente des Maifons clauftrales qui auront vaqué par mort feront employez en fonds pour l'utilité de l'Eglife fans qu'ils puiffent eftre partagez ; & en cas qu'ils foient partagez comme par abus il a efté pratiqué de-puis quelques années, que chacun des Grand - Vicaires y aura pareil-le part & portion que chacun defdits Chanoines. QUE fuivant les Conftitutions canoniques, Statuts dudit Chapitre de Paris, & Arrefts de la Cour, particulierement celuy du 10. Avril 1655. dans lequel lef-dits Grand - Vicaires eftoient Parties, qui feront exécutez felon leur forme & teneur; défenfes feront faites aux Chanoines & autres Ec-cléfiaftiques de ladite Eglife poffedans des maifons dans le Cloiftre de les louer, en tout, ou partie, aux perfonnes feculiéres & laïques ; & ordonner que les Séculiers demeurans à préfent dans ledit Cloiftre és maifons Canoniales, feront tenus de vider inceffamment, à l'ex-ception feulement des peres, meres, freres & fœurs defdits Chanoi-nes & Eccléfiaftiques. Ordonner QUE les deniers provenans des Droits Feodaux & Seigneuriaux feront employez à augmenter les diftribu-tions des affiftances à l'Office Divin; & en cas qu'ils foient partagez QUE chacun defdits Grand - Vicaires y aura pareille part & portion que chacun defdits Chanoines ; & généralement, QUE chacun defdits Grand - Vicaires jouïra de tous les droits utils & honorifi-ques attribuez & appartenans au Canonicat qu'il deffert. Con-damner lefdits de Chapitre à rendre & reftituer aufdits Grand-Vicaires toutes les diftributions qui leurs font dues, tant en argent, pain, fel, qu'autrement, depuis le jour que chacun d'eux a pris pof-feffion & défervy fon Bénéfice ; enfemblé leurs parts des deniers qui font procédez de la vente des maifons, des droits de lods & ventes, & autres droits cafuels : & condamner lefdits du Chapitre aux dépens, Defenfes defdits Doyen, Chanoines & Chapitre de l'Eglife de Paris, du 4. Février 1687. contenant Demande incidente, à ce QU'EN deboutant lefdits Vicaires de leur demande portée par ladite Requê-te du 3. Juillet 1686. Defenfes leurs foient faites de qualifier de Pré-bendes leurs Bénéfices comme ils ont entrepris de faire par l'acte de leur Reprife de l'ancien procèz daté du 12. May 1685. fignifié le 15. dudit mois & an ; fauf à eux de qualifier leurs Bénéfices Vicairies perpétuelles en ladite Eglife de Paris, & pour leur entreprife qu'ils foient condamnez aux dommages, intérefts & dépens defdits du Cha-pitre. Repliques & Défenfes defdits Grand - Vicaires à ladite De-mande incidente. Arreft d'Appointé en droit, & joint audit ancien procèz du 6. Mars 1687. Requête defdits fix Grand - Vicaires en l'Eglife de Paris du 12. dudit mois de Mars 1687. contenant Deman-de; à ce QU'EN procédant au Jugement dudit procèz, & leur aju-geant leurs Conclufions, il pluft à ladite Cour ordonner en ou-tre, 1º, QUE fuivant les Statuts & ancien Ordre de l'Eglife de Paris, les quatre lutrins qui étoient aux quatre extremitez du Chœur de ladite Eglife ; l'un du cofté du Doyen, l'autre du cofté du Chantre, le troifieme du cofté du Chancelier, & le quatrieme

du

du cofté du Penitencier, qui ont efté oftez depuis cinq ou fix ans, feront remis & rétablis par lefdits fieurs de Chapitre dans le même endroit & dans les mêmes places où ils eftoient pour fervir aux Chanoines de ladite Eglife, & pour fatisfaire par eux à leurs obligations de chanter & pfalmodier ainfi que font lefdits Grand-Vicaires. 2°, ordonner QUE les diftributions defdits fix Grand-Vicaires feront égales à celles des Chanoines aux Heures de l'Office du jour ainfi qu'elles le font à celles de la nuit ; & qu'en cas que lefdites diftributions foient répandues fur toutes les Heures du jour ; favoir, Primes, Tierces, la Meffe, Sextes, Nones, Vefpres & Complies, au lieu que cy-devant lefdits fix Grand-Vicaires auffi bien que lefdits Chanoines n'ont efté affujétis qu'à l'affiftance de la Meffe & Vefpres, la diftribution de chacune defdites Heures fera marquée & diftinguée, & les abfens tant Chanoines, Grand-Vicaires, Bénéficiers, Chantres que Bedeaux, feront pointez pour l'Heure à laquelle ils auront manqué d'affifter feulement, fans que lefdits Grand-Vicaires puiffent eftre pointez pour les Heures aufquelles ils auront affifté, & que les diftributions qui ont efté retenues aufdits Grand-Vicaires depuis le mois d'Aouft 1686. leurs feront payées par le Diftributeur dans la même proportion qu'ils font payez aufdits Chanoines. 3°, ordonner QUE lefdits Grand-Vicaires auront leur pain franc pendant trois mois d'abfence de chaque année de même que les Chanoines. 4°, ordonner QUE les fonds des diftributions des Matines ne pourra eftre employé à d'autres ufages ; & à cet effet, que la part des abfens & non affiftans aufdites Matines accroiftra & fera diftribuée aux prefens à proportion de leurs affiftances par chacun jour aufdites Matines, & que le revenant bon defdites Matines de l'année fera reparty fur ceux qui ont affifté durant ladite année. 5°, ordonner QUE la diftribution de cinquante livres aux Offices de chaque Dimanche & de chaque Fefte principale de l'année qui a efté retranchée depuis quelques années & enfuite depuis peu rétablie feulement en partie, fera remife dans le premier état, & rétablie en fon entier ainfi qu'elle étoit en l'année 1669, qu'elle a ceffé, & que pour fatisfaire à cette diftribution lefdits fieurs de Chapitre, outre l'ancien fonds, feront tenus de fournir le tiers des revenus des cenfives de l'Ifle Notre-Dame, fans préjudice à augmenter ladite diftribution pour chaque Dimanche & principale Fête de l'année à proportion du fonds qui fera deftiné, & du revenant bon qui fe trouvera au bout de chaque année, qui ne pourra eftre diverty ny employé à d'autre ufage par lefdits fieurs de Chapitre. 6°, ordonner QUE la diftribution de chaque Obit à neuf Leçons fera appliquée à toutes les Heures qui le compofent ; favoir, un tiers aux Vigiles, un tiers aux Laudes qui fe difent la nuit après Matines, & l'autre tiers à la Meffe ; & que ceux qui n'affifteront point aux trois Nocturnes des Vigiles perdront la diftribution qui fe donne pour lef-

D

dites Vigiles. L'Ordonnance d'Appointé en droit & joint étant au bas de ladite Requeste. Acte de Reprise faite au Greffe de ladite Cour le 29. Avril 1687. par Maiftre Jacques Teftu Prieur de Saint Denys de la Chartre, de l'Inftance au lieu de fes Prédeceffeurs Prieurs dudit Saint Denys de la Chartre. AUTRE INSTANCE entre lefdits le Marchand, Percheron, le Blond, & Mercier, tous Grand.Vicaires en l'Eglife de Paris, des Chapitres de Saint Germain de l'Auxerrois, Saint Marcel, & Saint Maur des Foffez, & des Abbayïe & Prieurez de Saint Victor, Saint Martin des Champs, & Saint Denys de la Chartre, Demandeurs en Requeste du 8. Avril 1687. d'une part, Et lefdits Doyen, Chanoines & Chapitre de l'Eglife de Paris, Defendeurs, d'autre. Ladite Requeste du 8. Avril 1687. tendant à ce QU'IL pluft à ladite Cour, par provifion, en attendant le Jugement du Procèz, & fans préjudice du droit des Parties au principal, ordonner que l'Arreft contradictoire de la Cour rendu entre les Parties le 20. Avril 1655. enfemble le Statut dudit Chapitre de Paris du 3. Decembre 1659. confirmé par autre Arreft du 4. May 1661. feroient exécutez, & fuivant iceux les Chanoines qui poffedent des maifons dans le Cloiftre de ladite Eglife, tenus d'en faire fortir les perfonnes laïques & étrangeres à l'exception de leur pere & mere, freres & fœurs, & ce dans trois mois; finon, à faute de ce faire, ledit temps paffé, en vertu de l'Arreft qui interviendra, & fans qu'il en foit befoin d'autre, ils y feront contraints par faifie de leur temporel, & par privation de leurs gros & diftributions quotidiennes qui feront employez au profit de ladite Eglife de Paris. QUE les maifons tenues par lefdits Chanoines venant à vaquer, ne pourront eftre vendues à d'autres Chanoines, ny le prix partagé; ains que dans icelles il fera affigné des logemens tant aux Chanoines non logez qu'aux Grand.Vicaires fuivant l'ordre de leur réception. QU'il fera fourny à chacun defdits Grand-Vicaires quatre pains par chaque jour de même qualité que ceux qui font fournis à chacun defdits Chanoines. QUE lefdits Grand-Vicaires feront payez des diftributions qui fe font tant pour la Meffe que pour Vefpres, ainfi que lefdits Chanoines; favoir huit fols pour la Meffe, & cinq fols pour Vefpres, fans qu'ils puiffent eftre pointez pour les autres Heures du jour, finon dans le cas que la pointe foit auffi obfervée pour lefdits Chanoines, & fans qu'audit cas le Pointeur puiffe marquer les abfens qu'à chaque Heure & diftinctement les unes des autres, & que les diftributions qui leurs ont efté retenues depuis le mois de Juillet mil fix cens quatrevint-fix, leur feront inceffamment rendues & reftituées, égales à celles des Chanoines. QU'en affiftant par lefdits Grand-Vicaires à l'Obit fondé par le Roy Louis XII. qui fe célèbre le 4. Janvier, il leur fera diftribué à chacun pareil quantité de Sel qu'à chacun defdits Chanoines, des deux muids de Sel revenant à 96. minots, qui font donnez par Sa

Majesté, sans que lesdits Chanoines puissent en acheter pour augmenter la distribution dudit Sel; aux fins de s'en attribuer chacun deux
minots au préjudice desdits Grand-Vicaires QUE la distribution de
50. livres à l'Office de chaque Dimanche, & des principales Fêtes
de l'année, sera rétablie comme elle estoit cy-devant; & icelle prise,
tant sur l'ancien fonds que sur le nouveau revenu provenant des censives, & lods & ventes de l'Isle Notre-Dame nouvellement retour-
nez au Domaine de ladite Eglise; & enfin QUE les quatre lutrins
qui estoient aux quatre extrémitez du Chœur de ladite Eglise de
Paris, & qui en ont esté ôtez depuis cinq ou six ans, y seront rétablis &
remis où ils estoient auparavant, pour, par lesdits Chanoines, chanter,
psalmodier, & satisfaire aux fonctions de leurs Bénéfices. Arrest du
12. Juin 1687. par lequel il a esté ordonné qu'il seroit incessamment
passé outre au Jugement du procèz sur ce qui estoit pardevers ladite
Cour; sur le Chef de la Requeste des Grand-Vicaires concernant l'O-
bit du Sel, les Parties appointées en droit, & joint: cependant sans
préjudice des droits des Parties au principal, & par maniere de provision; ordonné que lesdits Grand-Vicaires seront payez des 4. s. par jour
portez par l'acte de 1631. savoir, de 2. s. en assistant à la Messe & 2. s. en assistant à Vêpres & à Complies, & que les arrérages échus depuis le mois
de Juillet 1686. seront baillez à ceux qui ont assistez ausdits Offices.
AUTRE INSTANCE entre lesdits Doyen, Chanoines & Cha-
pitre de l'Eglise Royale & Collégiale de Saint Germain de l'Auxerrois, Demandeurs en Requeste du 7. Septembre 1686. d'une part,
& lesdits du Chapitre de Paris, Défendeurs, d'autre. Ladite Requeste contenant demande desdits du Chapitre de Saint Germain de l'Auxerrois, à ce QU'EN consequence de ce que lesdits sieurs du
Chapitre de Paris se sont désistez & départis de la prétention
qu'ils avoient d'affecter les six Grand-Vicairies, dont lesdits de Saint
Germain & les autres Communautez sont Patrons, à la récompen-
se des Chantres, Machicots & Clercs de Matines de ladite Eglise
comme estant des Bénéfices dépendans dudit Chapitre de Paris, &
dans le partage desdits de Saint Germain de l'Auxerrois & des autres
Communautez, ne les ayant point pour ce sujet compris dans l'affectation qu'ils ont faite en faveur desdits Chantres & Officiers de leur
Eglise depuis l'année 1623. & encore de ce que les baux qui avoient
esté faits, de plusieurs Terres & Domaines de ladite Eglise de Paris,
à plusieurs Chanoines d'icelle à vie canoniale, ne subsistent plus, il
soit donné acte ausdits de Saint Germain de l'Auxerrois de ce qu'ils
restreignent les conclusions qu'ils ont prises au procèz par les Requestes des 14. & 19. May 1623. à ce QU'ILS soient maintenus & gardez en la possession ancienne & immemoriale en laquelle ils sont, de
présenter comme Patrons audit Chapitre de Paris telles personnes capables qu'ils voudront choisir; pour estre pourvus de la Grand-Vicairie dépendante de leur Eglise dont est aprésent pourvu le sieur Per-

cheron lors qu'elle vaquera, ainſi qu'ils ont fait juſqu'à préſent. 2°. QUE défenſes ſoient faites audit Chapitre de Paris, de faire à l'avenir des baux à vie canoniale aux Chanoines des Terres & Domaines de ladite Egliſe, à peine de nullité & de telles autres peines qu'il plairoit à ladite Cour arbitrer; comme eſtant des aliénations de biens d'Egliſe défendues par les ſaints Canons & par les Ordonnances, & préjudiciables au gros qui appartient auſdits de SaintGermain de l'Auxerrois. 3°. QUE leſdits de Saint Germain ſoient maintenus dans le droit & la poſſeſſion, de percevoir tel & ſemblable gros que les autres Chanoines prébendez en ladite Egliſe de Paris les perçoivent, & ainſi que les Religieux de Saint Victor: à l'effet dequoy leſdits de Saint Germain ſeront inſcrits ſur les Tables ou Partitions deſdits gros, pour pareille ſomme que chacun des autres Chanoines; & leſdits Religieux de Saint Victor, ce feſant, condamner leſdits du Chapitre de Paris à payer auſdits de Saint Germain les arrérages échus deſdits gros fruits depuis l'année 1623. que la demande en a eſté faite & que le Chapitre de Paris a ceſſé de les payer juſqu'à préſent: & à cet effet que les Tables ou Partitions des gros qui ont eſté faites audit Chapitre de Paris pour les Chanoines prébendez d'icelle, depuis ladite année 1623. ſeront répréſentées pardevant le ſieur Conſeiller Rapporteur, pour ſur icelles la liquidation eſtre faite des ſommes auſquelles reviennent les arrérages deſdits gros fruits depuis l'année 1623. juſqu'au jour de l'Arreſt qui interviendra ſur le même pied qu'ils ont eſté payez aux autres Chanoines prébendez de ladite Egliſe & auſdits Religieux de Saint Victor. 4°. ordonner QUE le Grand Vicaire deſdits de Saint Germain jouïra des mêmes droits & diſtributions que les Chanoines de ladite Egliſe de Paris, tant pour l'Office canonial que pour les Obits & Fondations; le tout avec condamnation de dépens, dommages & intereſts. Arreſt d'appointé en droit ſur ladite demande, & joint au procès du 30. Juin 1687. Requeſte deſdits Doyen, Chanoines & Chapitre de l'Egliſe Collégiale de Saint Marcel, & dudit ſieur Teſtu Prieur de Saint Denys de la Chartre ayant repris au lieu de ſes prédéceſſeurs Prieurs dudit Prieuré du 2. Juin 1687. tendant à ce QU'IL leur ſoit donné acte de ce qu'ils ſe joignent auſdits du Chapitre de Saint Germain de l'Auxerrois, & de ce qu'en adhérant aux concluſions qu'ils ont priſes par ladite Requeſte du 7. Septembre 1686. ils reſtreignent les concluſions qu'ils ont priſes au procès, aux Chefs expliquez par la Requeſte deſdits du Chapitre de Saint Germain, qui ſont égales chacun à leur égard ny ayant que les noms à changer. Ordonnance d'appointé en droit & joint, eſtant au bas de ladite Requeſte. AUTRE INSTANCE entre ledit Maiſtre François le Marchand & conſors, Grand-Vicaires en l'Egliſe de Paris, appelans de deux Sentences rendues aux Requeſtes du Palais les 23. & 27. Aouſt 1686. tant comme de deny de renvoy qu'autrement, d'une part; & leſdits Doyen, Chanoine

Chanoines & Chapitre de l'Eglise de Paris, & Maiſtre François Oſmond & conſors, Prêtres, Chanoines & Bénéficiers en ladite Egliſe
de Paris, Intimez, d'autre. Ladite Sentence du 23. Aouſt 1686. dont
eſt appel, contradictoirement rendue auſdites Requêtes du Palais entre leſdits du Chapitre de l'Eglise de Paris, Demandeurs en Requête
d'intervention du 6. Juillet 1685. d'une part : Et Maiſtre François Oſ-
mond & Marc Bondin Prêtres Vicaires de S. Aignan, Denys Gourand
& Louis Marais auſſi Prêtres Chanoines & Curez de S. Jean le Rond,
Pierre Nicolle, Louis Fontaine, Jean Ronſin & Leonard Blondeau
Chanoines de Saint Denys du Pas, tous Bénéficiers Prêtres de ladite
Egliſe ; & Maiſtres François le Marchand Vicaire de S. Denys de la
Chartre, Alexis Percheron Vicaire de Saint Germain de l'Auxerrois,
Georges Robert Vicaire de S. Marcel, Louis le Bond Vicaire de S.
Martin des Champs, Charles le Mercier Vicaire de Saint Victor, &
Chiſtophle le Févre Vicaire de Saint Maur des Foſſez, auſſi tous Bé-
néficiers Prêtres en ladite Egliſe, d'autre : Par laquelle leſdits du Chapitre de Paris auroient eſté reçus parties intervénantes, congé donné
contre leſdits le Marchand & conſors, défaillans ; & pour faire droit
ſur le tout, l'Audiance continuée au Lundy ſuivant à peine de l'exploit.
La ſeconde Sentence dont eſt appel rendue auſdites Requêtes du Palais ledit jour 27. dudit mois d'Aouſt 1686. rendue entre leſdites Parties, par laquelle defaut auroit eſté donné contre leſdits le Marchand
& conſors, & acte auſdits Oſmond & conſors de leur déclaration,
qu'ils convertiſſoient en oppoſition l'appel par eux interjeté de la
Sentence deſdites Requêtes du Palais du 10. Avril 1685. & de ce qu'ils
prénoient pour trouble la demande intentée par leſdits le Marchand &
conſors, feſant droit ſur les demandes principales, enſemble ſur l'intervention deſdits du Chapitre de l'Egliſe de Paris ; leſdits le Marchand
& conſors ont eſté déboutez de leur demande, & en conſequence
leſdits Oſmond & conſors maintenus & gardez en la poſſeſſion paiſible,
publique & immemoriale, en laquelle eux & leurs autheurs ont toûjours eſté, de célebrer le Service Divin, ſuivant & conformément aux
Tables qui ſont dreſſées par l'ordre deſdits du Chapitre de Paris, &
ordonné que leſdites Tables feront exécutées ; ce feſant que leſdits le
Marchand & conſors, & leurs ſucceſſeurs à l'avenir, feront tenus de
faire le Service conformément à icelles, & notamment de porter la
Châpe la veille de Noël, & d'entonner le premier Verſet de chaque
Pſéaume aux Vêpres des jours de ſimple Férie, lorſqu'ils ſe trouveront
les derniers Bénéficiers Prêtres de réception : & pour le trouble par
eux fait & ſcandale par eux commis la veille de Noël 1684. & 6. Mars
1685. condamnez aux dommages, intéreſts & dépens envers leſdits
Sieurs du Chapitre de Paris, Oſmond & conſors ; & ladite Sentence
exécutée nonobſtant l'appel. Arreſt d'appointé au Conſeil & joint
du 23. Février 1688. Requête deſdits le Marchand & conſors, du 4. du
May 1688. employée pour cauſes d'appel contre les deux ſuſdites

E.

Sentences des vingt-trois & vingt-sept Aoust mil six cens quatre-
vints-six contenant leurs conclusions, à ce QU'IL plût à ladite
Cour mettre les appellations & Sentences dont est appel au néant,
émendant, sans s'arrêter aux demandes, tant dudit Chapitre de Paris,
que desdits Osmond & consors Bénéficiers ; & ayant égard aux demandes desdits Grands-Vicaires appelans, ordonner que la Sentence
rendue ausdites Requêtes du Palais le 24. Janvier 1623. en conséquence
des Conclusions capitulaires de 1583. & 1615. sera exécutée selon sa forme & teneur : ce fesant, maintenir & garder lesdits Grand-Vicaires
en la possession & jouïssance de la présséance au dessus de tous les Bénéficiers de ladite Eglise de Paris, aux Chaizes du Chœur, Processions,
Stations, Place à main droite en la fonction du Chant au Pupitre, &
des Antiennes & Traits, comme il est porté par ladite Sentence de 1623.
avec défenses d'y contrévenir, ni de faire employer dans les Tables
lesdits Grand-Vicaires pour porter la Châpe, ni faire aucune fonction
dans le Service en qualité de derniers Bénéficiers Prêtres, sous telles
peines qu'il plairoit à ladite Cour ; & en conséquence que les Tables
où lesdits Grand-Vicaires ont esté employez en ladite qualité, demeureront à cét égard comme non faites ni avenues, & en outre faire défenses ausdits Bénéficiers, de plus faire à l'avenir, directement ni indirectement, aucune entréprise sur & contre les droits desdits Grand-
Vicaires & de leurs Bénéfices, & pour celles qu'ils ont faites, & le
scandale par eux causé le 6. Mars 1685. pendant les Vespres, les condamner aux dommages & intèrests desdits Grand-Vicaires, & aux dépens, tant des causes principales que d'appel. Requête desdits Doyen,
Chanoines & Chapitre de l'Eglise de Paris, Intimez, du 23. Decembre
1688. employée pour réponses ausdites causes d'appel. Autre Requête
desdits Blondin, Blondeau, Ronsin & consors, Bénéficiers Prêtres en
l'Eglise de Paris, aussi Intimez, du 20. Novembre 1690. pareillement
employée pour réponses ausdites causes d'appel. AUTRE INSTANCE
entre Maistre Charles le Mercier Prêtre, Grand-Vicaire des
Abbé & Religieux de S. Victor en l'Eglise de Paris, Appelant comme d'abus de l'Acte capitulaire du Chapitre de ladite Eglise de Paris,
du 16. Mars 1688. d'une part: Et lesdits Doyen, Chanoines & Chapitre de l'Eglise de Paris, Intimez, d'autre. Ledit Acte capitulaire du 16.
Mars 1688. portant concession du logement occupé par ledit le Mercier, attendu l'expiration de son bail, à Georges Margouillat sieur de
la Barliere, Receveur des Censives & Droits seigneuriaux, & Agent
des affaires desdits du Chapitre. Arrest contradictoire du 29. Avril
1688. par lequel sur ledit appel comme d'abus les Parties ont esté appointées au Conseil & joint au Procès, qu'elles feront juger dans six
mois: cependant par maniere de provision & sans préjudice du droit
des Parties au principal, ordonné que ledit le Mercier restera en possession de l'appartement qu'il occupe, & mentionné au bail à luy cé-
dé dans la maison en question, en continuant de payer le prix dudit

bail comme par le paſſé, dépens reſervez. Requête dudit le Mercier du 29. May 1688. employée pour moyens d'abus contenant ſes concluſions, à ce QU'IL pluſt à ladite Cour dire qu'il a eſté mal, nullement & abuſivement ſtatué par ledit acte capitulaire du 16. Mars 1688. ce feſant ordonner, que toutes les maiſons & logemens du Cloiſtre de l'Egliſe de Paris ſeront partagez & diſtribuez à tous les Chanoines, Grand-Vicaires, Bénéficiers, Chantres & Officiers eccléſiaſtiques de ladite Egliſe, pour y loger & aſſiſter par eux aux Offices & Service d'icelle Egliſe, ainſi qu'ils y ſont tenus, tant de nuit que de jour, avec défenſes aux perſonnes Laïques de ſe retirer dans leſdites maiſons Clauſtrales, ſous telles peines qu'il plaira à ladite Cour ordonner : & attendu que les Laïques ont porté les loyers deſdites maiſons du Cloiſtre à un prix exceſſif, & que leſdits du Chapitre de Paris, en haine du Procès, refuſent de bailler des logemens auſdits Grand-Vicaires, ſur tout audit le Mercier qui a eſté obligé d'offrir & de payer un trop grand prix de l'appartement qu'il tient, pour y pouvoir demeurer, enjoindre auſdits du Chapitre de donner des logemens auſdits Grand-Vicàires pour un prix raiſonnable, & de laiſſer ainſi ledit le Mercier dans la poſſeſſion de celuy qu'il occupe, & condamner leſdits du Chapitre en tous les dépens dudit le Mercier. Requête deſdits du Chapitre de Paris du 8. Mars 1691. employée pour réponſes auſdits moyens d'abus contenant leurs Concluſions, à ce QU'IL pluſt à ladite Cour dire qu'il n'y a abus dans ladite Concluſion capitulaire, ce feſant débouter ledit le Mercier, du ſurplus des concluſions par luy priſes par ſa Requête, & le condamner en l'amande & en tous les dépens. Autre Requête deſdits Doyen, Chanoines & Chapitre de l'Egliſe de Paris du 19. Juin 1688. contenant demande, à ce QUE procédant au jugement du procès, & leur adjugeant les Concluſions par eux priſes, au Chef concernant le titre & la qualité des Bénéfices deſdits le Marchand & confors, il pluſt à ladite Cour leur faire défenſes de les qualifier Canonicats, ordonner que cette qualité qu'ils leurs ont attribuée par la Requête du 10. Juin 1685. & par l'onzieme Chef de celle du 23. Juillet 1686. en ſera ſupprimée, & de tous autres endroits où elle ſe trouvera employée, & condamner leſdits le Marchand & confors aux dommages, intèreſts & dépens deſdits du Chapitre. Ordonnance d'appointé en droit & joint étant au bas de ladite Requête. Celle deſdits le Marchand & confors Grands Vicaires en l'Egliſe de Paris du premier Juillet 1688. employée pour défenſes contre la demande deſdits du Chapitre. Autre Requête deſdits Doyen, Chanoines & Chapitre de l'Egliſe de Paris du 23. Decembre 1688. contenant demande, à ce QUE procédant au jugement du Procès il pluſt à ladite Cour en tant que touche l'appel interjeté par leſdits le Marchand & confors des Sentences des Requêtes du Palais des 23. & 27. Aouſt 1686. mettre l'appellation au néant, ordonner que les Sentences deſquelles a eſté appellé ſortiront effet ; & feſant droit ſur toutes les demandes reſpectives

des Parties, fans s'arrefter à celles tant defdits Vicaires-perpétuels que
defdits Chapitres de S. Marcel & de S. Germain de l'Auxerrois, des Sieurs
Abbé de S. Victor, Prieurs de S. Martin des Champs & de S. Denys
de la Chartre, leurs Patrons, portées par leurs Requêtes des 16. Juillet
1622. 19. May, 4. & 7. Juillet 1623. 25. Octobre & 5. Decembre 1624.
5. Janvier 1628. 3. Juillet & 9. Septembre 1686. 12. Mars & 27. Juin 1687.
dont ils feront déboutez ; ayant égard aux demandes defdits du Chapitre de Paris, portées tant par leurs défenfes des 28. Juin 1623. & 4.
Février 1687. que par leur Requête du 19. Juin 1688. faire défenfes aufdits Vicaires-perpétuels de prendre à l'avenir la qualité de Grand-Vicaires, & de bailler autre titre à leurs Vicaires, finon de Vicairies-perpétuelles, ni de fe dire, nommer & qualifier autrement, que Vicaires
Perpétuels chacun de l'Eglife qu'il répréfente en l'Eglife de Paris, ordonner QUE la qualité de Prébende qu'ils leur ont donnée par l'a-
cte de reprife du 12. May 1685. & celle de Canonicats, qu'ils ont auffi
entrepris de leur donner par leurs Requêtes des 6. Juin 1685. & 3. Juin
1686. demeureront fupprimées defdites Requêtes & autres actes où elles fe trouveront employées. Declarer lefdits Vicairies-perpétuelles affectées aux Enfans de Chœur, Clercs de Matines, Machicots & Bénéficiers de l'Eglife de Paris, nourris & inftruits au Chant, Service & Cérémonies de ladite Eglife, fuivant & conformément aux Bulles des
Papes Urbain V. Clement VII. & Jean XXIII. fans que lefdites Vicairies puiffent eftre réfignées en Cour de Rome ni en Légation par
permutation en faveur ou autrement, & eftre conférées par quelque
genre de vacation dont elles puiffent vacquer à l'avenir, finon par lefdits du Chapitre de Paris, fur la préfentation qui leur en fera faite par
les Patrons, à perfonnes de la qualité requife par lefdites Bulles, &
ainfi qu'il a efté jugé, reglé & déterminé à l'égard des Benéfices de S.
Aignan, S. Jean le Rond & S. Denys du Pas, tant par l'Arreft du
Confeil du 27 Juillet 1638. que par le Statut fait en conféquence le 9.
Aouft enfuivant, le tout confirmé par Lettres Patentes de Sa Maj. fté
du même mois d'Aouft 1638. vérifiées & enregiftrées en ladite Cour
par Arreft du 23. defdits mois & an : ce fefant que lefdits Patrons ne
pourront préfenter aufdites Vicairies-perpétuelles, que l'un des deux
Prêtres Chanoines Curez de S. Jean le Rond ; ou l'un des cinq Chanoines Prêtres de S. Denys du Pas & des deux Vicaires de S. Aignan;
& enfin l'un des fix Bénéficiers Diacres Chanoines, ou de S. Denys du
Pas, ou de S. Jean le Rond ; après la déclaration faite par lefdits du
Chapitre de Paris, que moyennant ce & non autrement, ils confentent que lefdits Vicaires-perpétuels puiffent parvenir aux Chanoinies-
fémiprébendes de S. Aignan, ainfi que les autres Benéficiers Comtes
de ladite Eglife de Paris, & en la maniere portée par ledit Statut ; &
condamner lefd. Chapitres de S. Marcel & de S. Germain de l'Auxerrois,
le Sieur Teftu Prieur de Saint Denys de la Chartre, & lefdits le Marchand & confors Vicaires perpétuels en tous les dépens, même à l'égard
dudit

dudit fieur Teftu Prieur de Saint Denys de la Chartre, & defdits le Marchand & confors Vicaires perpétuels, en ceux faits contre leurs Prédéceffeurs aulieu defquels ils ont repris le procès. Ordonnance d'Appointé en droit, & joint, étant au bas de ladite Requefte. Deux Réqueftes, l'une defdits le Marchand & confors Grand-Vicaires de l'Eglife de Paris du 14. May 1689. l'autre defdits Doyen, Chanoines & Chapitre de Saint Germain de l'Auxerrois & de Saint Marcel, & dudit fieur Teftu Prieur Commendataire de Saint Denys de la Chartre, Patrons de trois Grand-Vicairies en l'Eglife Métropolitaine de Paris; employées pour Défenfes contre la Demande defdits du Chapitre de Paris portée par ladite Requefte du 23. Decembre 1688. Autre Requefte defdits Doyen, Chanoines & Chapitre de l'Eglife de Paris du 31. Decembre 1689. contenant Demande à ce que procedant au jugement du procès, & leur ajugeant leurs fins & conclufions, il pluft à ladite Cour ordonner en outre, QUE les Regiftres Capitulaires, Martyrologes & comptes de ladite Eglife de Paris qui ont efté induement en la poffeffion defdits Vicaires, & par eux produits pour 16e piece cotte B, 22. & 23e piece cotte C, & 9e piece cotte G, de leur Requefte du 14. May 1689. feront rendus, reftituez & remis en la poffeffion defdits du Chapitre de Paris, à l'effet dequoy ils feront tirez du procès: & condamner en outre lefdits Vicaires aux dommages, intèrefts & dépens defdits du Chapitre de l'Eglife de Paris. Ordonnance d'Appointé en droit, & joint, étant au bas de ladite Requefte. Celle defdits le Marchand & conforts Grand-Vicaires en l'Eglife de Paris, du 22. Mars 1690. employée pour Défenfes contre la Demande defdits du Chapitre de Paris, portée par ladite Requefte du 31. Decembre, avec Déclaration qu'ils confentent que les Regiftres, Martyrologes & comptes par eux produits au procès, revendiquez par lefdits du Chapitre de Paris, foient remis aux Archives de ladite Eglife quand le procès fera jugé; à condition neantmoins qu'il en fera fourny aufdits Grand-Vicaires, aux frais du Chapitre, des copies collationnées par le Notaire dudit Chapitre, pour leur fervir en cas de befoin, & de les dédommager de ce qu'ils leur ont coûté. AUTRE INSTANCE entre lefdits Doyen, Chanoines & Chapitre de l'Eglife de Paris, Demandeurs en Requefte du 7. Juillet 1690. d'une part, & Maiftre Laurens Jôvet Vicaire-perpetuel de ladite Eglife, Défendeur, d'autre. Ladite Requefte contenant Demande defdits du Chapitre de Paris, à ce QUE l'Arreft qui interviendroit fuft déclaré commun & exécuté avec luy, avec dépens, en cas de conteftation. Copie des Défenfes dudit Jôvet, conrenant, qu'il n'a point d'autres raifons à déduire que celles de fes Confreres, pourquoy il fe rapportoit à ladite Cour d'y prononcer. Arreft d'Appointé en droit, & joint du premier Décembre 1690. Factum defdits du Chapitre de Paris, joint au procès par Requefte du vintième jour de Novembre 1690. contenant employ dudit Factum pour addition aux Réponfes & Con-

E

tredits par eux fournis contre les pieces produites par lefdits Vicaî-
res perpetuels & par leurs Patrons, Préfentateurs defdites Vicairies;
enfemble pour fatisfaire à tous les Reglemens pris au procès. Requête defdits Doyen, Chanoines & Chapitre de l'Eglife de Paris, du
9. Decembre 1690. tendant à ce QU'IL plût à ladite Cour leur donner acte de ce qu'ils fe rapportoient à elle d'ordonner ce qu'elle ju-
geroit à propos fur la demande par eux faite, à ce que les fix Vicai-
ries-perpetuelles dont il s'agit, foient declarées affectées aux Enfans
de Chœur, Clercs de Matines, Machicots, & Bénéficiers de ladite
Eglife de Paris, nourris & inftruits au Chant, Service & Cérémonies
d'icelle; & au furplus, leur ajuger les fins & conclufions par eux prifes au procès, même fur ce fecond Chef de conteftation; fur laquelle
Requête par Ordonnance de ladite Cour, eftant au bas d'icelle, auroit été réfervé à faire droit en jugeant. Requête defdits Doyen,
Chanoines, & Chapitres des Eglifes Collégiales de Saint Germain de
l'Auxerrois & de Saint Marcel, & dudit Sieur Teftu Prieur de Saint
Denys de la Chartre, du 10. Février 1691. employée pour Réponfes.
Autre Requefte defdits Doyen, Chanoines & Chapitre de l'Eglife de
Paris, du 12 Février 1691. à ce QU'IL plût à ladite Cour, en procédant au Jugement dudit procèz disjoindre d'iceluy : Premiérement,
l'Appel comme d'abus interjeté par ledit de Borne de la fignature de
Cour de Rome expédiée en faveur dudit Tharon pour l'une des deux
Chanoinies-fémiprébendes de Saint Agnan, appointé au Confeil par
l'Arreft du 3. Févrrer 1622. enfemble les Interventions réglées en
droit & joint par le même Arreft, attendu que le tout a efté terminé
& décidé par l'Arreft du Confeil du 22. Juillet 1638. le Statut du Chapitre du 9. Aouft audit an ; & les Lettres Patentes de Sa Majefté du
mefme mois d'Aouft 1638. le tout regiftré en ladite Cour par l'Arreft
du 23. defdits mois & an : Secondement, la Demande portée par les
Lettres de faits nouveaux dudit Blondel, du 30. Avril 1622. & par fa
Requête afin d'entérinement, du 15. Juillet audit an; enfemble la Demande incidente defdits du Chapitre de Paris, portee par leurs defenfes du 10. Septembre enfuivant; le tout réglé en droit & joint, par
appointement du 28. dudit mois de Septembre 1622. & encore l'Intervention dudit Sieur de Harlay, portée par fa Requête du 7. Juillet
1623. réglée en droit & joint, par Arreft du 17. Décembre 1624. & celle dudit Sieur Cardinal Ludovify, portée par fa Requête du 5. Janvier 1628. réglée en droit & joint, par Arreft du 10. defdits mois &
an, attendu qu'il n'y a rien en tout cela qui faffe partie des dix-huit
Chefs fous lefquels les conteftations à juger entre les Parties qui re-
ftent audit procès, ont été réduites par la Requête defdits du Chapitre de Paris du 23. Décembre 1688. ainfi que lefdits le Marchand &
conforts l'ont reconnu par toutes leurs écritures, & par leur Factum,
où ils ont toûjours fuivy le même ordre en difcutant ces dix-huit Chefs
de conteftation; & au furplus, ajuger aufdits du Chapitre de l'Eglife de

Paris toutes leurs fins & conclusions, avec dépens, sur laquelle Requête par Ordonnance de ladite Cour, étant au bas, auroit encore été ré-
servé à faire droit en jugeant. Requête desdits le Marchand & consors,
Grand-Vicaires en l'Eglise de Paris, du 4. Avril 1691. employée pour
Réponses. Lettre d'Enée Evêque de Paris de l'an 868. par laquelle
du consentement du Chapitre il a concédé à l'Eglise de Saint Maur
des Fossez une Prébende entiére en l'Eglise de Paris. Lettre de Renaud Evêque de Paris, confirmative de la concession faite par Enée
avec permission à Hildebert Abbé de Saint Maur, de faire déservir
ladite Prébende par un Vicaire. Trois Bulles des Papes Innocent II.
Eugene III. & Alexandre III. des années 1136. 1147. & 1163. confirmatives de ladite Prébende. Lettre d'Estienne Evêque de Paris, sans
datte, par laquelle, du consentement du Chapitre, il a concédé
à l'Eglise de Saint Victor une Prébende en l'Eglise de Paris. Ladite
Lettre contenant aussi concession à ladite Eglise de Saint Victor, d'une
Prébende en chacune des Eglises de Saint Marcel, Saint Cloud, Saint
Germain de l'Auxerrois & Saint Martin de Champeaux, du consentement des Doyens, & Chapitres desdites Eglises. Lettre de Renaud Evêque de Paris de l'an 1256. confirmative de la concession
faite par Estienne à l'Eglise de Saint Victor d'une Prébende en l'Eglise de
Paris. Bulle du Pape Eugene III, de l'an 1147. confirmative en faveur du
Prieur & Couvent de S. Martin des Champs, des deux Prébendes qu'ils
avoient en l'Eglise de Paris; l'une, à cause de l'Eglise de Saint Martin des
Champs; l'autre, à cause de l'Eglise de Saint Denys de la Chartre
dépendante du Prieuré de Saint Martin des Champs. Lettre de Barthelemy Doyen de l'Eglise de Paris de l'an 1146. en forme de Reglement pour les distributions du Vicaire déservant la Prébende de l'E-
glise de Saint Martin. Trois Lettres; l'une, de Maurice Evêque de
Paris de l'an 1175. l'autre de Guillaume Archevêque de Sens de la
même année, & l'autre de Thibaud Evêque de Paris, sans datte,
confirmatives des deux Prébendes de Saint Martin des Champs & de
Saint Denys de la Chartre. Bulle de Lucius Pape de l'an 1181. qui
confirme à l'Eglise de Saint Victor le revenu d'une Prébende en l'E-
glise de Paris. Lettre du Pape Clement III. sans datte, de pareille
confirmation. Bulle de Célestin Pape de l'an 1191. confirmative de la
Prébende & du droit d'annate de ladite Eglise de Saint Victor, en l'E-
glise de Paris. Bulle d'Innocent III. de l'an 1204. confirmative des
précédentes, portant en outre, que les Abbé & Chanoines de Saint
Victor institueront un Vicaire en chacune des Eglises où ils ont des
Prebendes pour y faire le service. Lettre de Louis VI. dit le jeune,
de confirmation en faveur de l'Eglise de Saint Victor de tous ses
droits de Prébende, tant dans l'Eglise de Paris, qu'en celles de Saint
Marcel, Saint Cloud, Saint Germain de l'Auxerrois & Saint Martin
de Champeaux, & encore en celle de Sainte Genevieve du Mont.
Extrait du Pouiller des Dignitez, Personats & Bénéfices de l'Eglise de

Paris, ou fous ce Titre *fex Vicariæ perpetuæ*, font employées les fix Vicairies en queftion, qui font déclarées : favoir; celle de Saint Maur des Foffez, à la préfentation de l'Abbé; celle de Saint Martin des Champs & de Saint Denys de la Chartre, à la préfentation du Prieur de Saint Martin des Champs; celle de Saint Victor à la préfentation de l'Abbé; celles de Saint Marcel & Saint Germain de l'Auxerrois à la préfentation des Chapitres defdites Eglifes; & toutes à la collation du Chapitre de ladite Eglife de Paris. Formule du ferment defdits Vicaires. Extrait des Synodes du Chapitre de ladite Eglife de Paris, où lefdits Vicaires font employez en qualité de Vicaires defdites Eglifes de Saint Maur, Saint Martin des Champs, Saint Denys de la Chartre, Saint Victor, Saint Marcel & Saint Germain de l'Auxerrois. Deux actes des Mercredy & Vendredy après *Iudica*, 1356. contenant la réception de Maiftre Nicolas *de Spernaco* Docteur en Théologie en la Vicairie de Saint Maur des Foffez à luy réfignée pour caufe de permutation. Préfentation & réception de Maiftre Jean de Villedoublain en la Vicairie de Saint Victor du Samedy après Quafimodo 1388. Réception de Maiftre Pierre Briere en la Vicairie de S. Martin des Champs du 21. Novembre 1362. comme réfignataire par permutation de Maiftre Pierre Rellac Licentié ès Droits. Réception de Maiftre Robert *de Mota* en la Vicairie de Saint Martin du 9. Septembre 1363. fur la préfentation des Vicaires Généraux du Prieuré dudit Saint Martin des Champs. Préfentation & réception de Maiftre Pierre de Mélo Licentié ès Droits, en la Vicairie de Saint Victor du Lundy après la Nativité Noftre Dame 1363. Préfentation & réception de Maiftre Grégoire du Moulin Licentié ès Droits, en la Vicairie de Saint Martin du dernier Février 1363. Réception de Maiftre Richard Angoulian en la Vicairie de Saint Victor du Lundy avant Noël 1364. en conféquence d'une Sentence de l'Official de Paris, fur un Mandat Apoftolique. Trois Bulles : l'une du Pape Urbain V. donnée à Avignon le 5. des Nones de May l'an 3. de fon Pontificat; les deux autres de Clement VII. l'une auffi donnée à Avignon le 4. des Ides de Mars l'an 7. de fon Pontificat; l'autre pareillement donnée à Avignon le 15. des Calendes de Décembre 1384. portant décharge des graces expectatives pour les 24. Bénefices perpétuels de l'Eglife de Paris : dont fix font appelez de Saint Jean le Rond : dix, de Saint Denys du Pas; deux Canonicats & Sémiprébendes de Saint Aignan : & les fix Vicairies; de Saint Maur des Foffez, S. Martin des Champs, Saint Denys de la Chartre, Saint Victor, Saint Marcel, & Saint Germain de l'Auxerrois; attendu que les pourvus de ces Bénefices font obligez d'affifter continuellement au fervice Divin de jour & de nuit pour faire les fonctions de leur miniftere; & que vacation arrivant defdits Bénefices, ils doivent eftre conférez à des perfonnes capables, les plus inftruites & exercées dans l'Office de la même Eglife. Préfentation & réception de Maiftre Eftienne

Bouffard

Bouſſard Secretaire du Duc de Berry en la Vicairie-perpétuelle de Saint Denys de la Chartre du 5. Avril 1392. Réception de Maiſtre Denys le Couſturier en ladite Vicairie de Saint Denys de la Chartre, au lieu dudit Bouſſard, du 22. Juin 1394. en teſte de laquelle Réception & hors le corps de la piéce, ſont écrits ces mots; *Receptio ad magnam Vicariam*. Promotion dudit le Couſturier Vicaire de Saint Denys de la Chartre aux Ordres ſacrez, du Samedy des Quatre-Temps après l'Exaltation Sainte Croix 1394. Collation de la Vicairie-perpétuelle de Saint Maur des Foſſez, du Jeudy après le Dimanche *Lætare* 1399. en faveur de Maiſtre Adrien le Bel Chanoine de Noyon, ſur la réſignation de Maiſtre Robert Briſſeul Titulaire de ladite Vicairie, & ſur la préſentation de l'Abbé de Saint Maur, ou ſont employez ces mots *Vicariæ majoris Eccleſiæ*. Tranſaction du 2. May 1399. paſſée entre leſdits du Chapitre de Paris & leſdits du Chapitre de Saint Germain de l'Auxerrois, où la Vicairie deſdits de Saint Germain en l'Egliſe de Paris, eſt qualifiée Vicairie perpétuelle. Réception de Maiſtre Pierre le Mercier en la Vicairie de Saint Maur, du 8. Novembre 1400. comme réſignataire dudit le Bel. Acte du 19. Novembre 1400. contenant que ledit le Mercier a payé 6. livres pariſis pour les droits du pain de Chapitre à cauſe de ſa Réception. Collation de la Vicairie-perpétuelle de Saint Germain de l'Auxerrois, du dernier Decembre 1400. en faveur de Maiſtre Regnaud Germain Chanoine de ladite Egliſe, ſur la préſentation du Chapitre. Préſentation & collation pour ladite Vicairie-perpétuelle de Saint Germain, des 17. & 19. Avril 1415. en faveur de Maiſtre Jean Robert Chanoine de ladite Egliſe de Saint Germain. Réception de Maiſtre Maturin Robert Chanoine de Saint Thomas du Louvre en ladite Vicairie perpétuelle de Saint Germain, du 7. Juin 1415. ſur la préſentation dudit Chapitre, en conſéquence de la réſignation dudit Maiſtre Jean Robert. Réception de Maiſtre Guillaume Gihais Chanoine de Saint Germain du 16. Septembre 1418. en ladite Vicairie-perpétuelle de Saint Germain, ſur la préſentation du Chapitre. Collation de ladite Vicairie-perpétuelle de Saint Germain du 7. Octobre 1418. en faveur de Maiſtre Jean de Serre Chanoine de Saint Nicolas d'Amiens, réſignataire dudit Gihais pour cauſe de permutation. Deux actes des 4. & 5. Janvier 1420. contenant la Réception de Maiſtre Jean le Clerc en ladite Vicairie de Saint Germain, comme ſubrogé au lieu dudit Maturin Robert après ſon décès, en vertu des Sentences de Cour de Rome obtenues contre ledit de Serre, le dernier deſdits Actes contenant ces mots *Solvit ut Pœnitentiarius*. Collation de la Vicairie de Saint Marcel du 26. Mars 1421. en faveur de Maiſtre Jean Chevrot Licentié en Droit Canon, ſur la préſentation du Chapitre de Saint Marcel. Autre pareille collation de ladite Vicairie du 28. Mars 1421. en faveur de Maiſtre Nicolas le Sellier Notaire du Chapitre de Paris, comme réſignataire dudit Chevrot pour cauſe de permutation. Réception de

Maiſtre Jean Coterel du 4. Avril 1421. en la Vicairie de Saint Victor
vaccante par le décecs de Maiſtre Jean Haie, ſur la préſentation de
l'Abbé. Réception de Maiſtre Robert le Provigneux du 15. Decembre 1424. en la Vicairie perpétuelle de Saint Victor vacante par le
décecs dudit Coterel, ſur la préſentation de l'Abbé. Trois actes des
26. Fevrier & 2. Mars 1425. & penultieme Novembre 1426. contenant les Réceptions de Maiſtre Jean Folleau & Maiſtre Jean du Fois,
reſpectivement pourvus de la Vicairie de Saint Denys de la Chartre,
vacante par le décecs de Maiſtre Guillaume Picard. Réception de
Maiſtre Pierre Favillé, Chanoine de Meaux du 16. Juillet 1427. en
la Vicairie de Saint Martin, comme réſignataire dudit Maiſtre Jean
Folleau pour cauſe de permutation. Deux actes des 28. & penultieme Janvier 1432. contenant la Réception de Maiſtre Leſpée dit Mar-
feau, Chantre & Chanoine de Saint Paul à Saint Denys en France,
en la Vicairie perpétuelle de Saint Martin, comme réſignataire de
Maiſtre Jean le Majeur, ſur la préſentation du Prieur. Réception de
Maiſtre Pierre le Normand, Chanoine de Saint Germain de l'Auxerrois du 19. Juillet 1444. en la Vicairie perpétuelle de Saint Germain,
vacante par le décecs dudit Maiſtre Jean le Clerc, ſur la préſentation
du Chapitre. Réception de Maiſtre Guillaume de Longueuil du 2.
Septembre 1448. en la Grand Vicairie de Saint Marcel, comme réſignataire de Maiſtre Jean Meſſel pour cauſe de permutation, ſur
la préſentation du Chapitre. Acte du Chapitre de Paris du 24. Octo-
dre 1466. concernant la réception de Maiſtre Simon Chapitault, Confeiller au Parlement en la Vicairie de Saint Maur, ſur la préſentation
de l'Abbé, feſant mention de la lecture qui luy devoit eſtre faite des
Bulles concernant leſdites Vicairies & autres Bénéfices de ladite E-
gliſe de Paris, & que cependant il ſeroit examiné ſur ſa ſuffiſance ;
enſuite dequoy eſt l'Acte de ſa Réception. Autre Acte dudit Chapitre
de Paris du 9. Mars 1474. feſant mention de la réſignation faite par
Artus de Vaudetar de la Vicairie de Saint Marcel, en faveur de
Maiſtre Simon Michel, pour cauſe de permutation. Autre acte dudit Chapitre de Paris du 16. Fevrier 1480. par lequel la réſignation
faite par ledit Maiſtre Michel de Vaudetar pour cauſe de permutation, en faveur de Maiſtre Michel le Clerc, de la Vicairie de Saint
Victor qualifiée grande & perpétuelle Vicairie, a eſté admiſe. Préſentation & Collation du 11. Decembre 1500. en faveur de Maiſtre
Jean Carré Maiſtre ès Arts, de la Vicairie perpétuelle de Saint Germain, vacante par le décecs de Maiſtre Jean Bouſſard. Extrait d'une
Tombe poſée en l'Egliſe de Paris du 24. Fevrier 1530. contenant que
ſous icelle giſt Maiſtre Jean Spifame Conſeiller, Notaire & Sécretaire du Roy, Greffier de la Chambre des Comptes, Chanoine de
Chartres, & Grand Vicaire en ladite Egliſe de Paris. Réception de
Maiſtre Jean Baillot du même jour 24. Fevrier 1530. en la Vicairie-perpétuelle de Saint Germain, vacante par le décecs dudit Spifame ſur

la préfentation du Chapitre. Collation de la Vicairie perpétuelle de Saint Marcel du dernier Janvier 1531. en faveur de Maiftre François Clement réfignataire de Maiftre Philippes Lenfant , pour caufe de permutation , fur la préfentation du Chapitre. Collation de la grande ou perpétuelle Vicairie de Saint Martin du 3. May 1531. en faveur de Maiftre Jean Sequenault, Régent en l'Univerfité de Paris, réfignataire de Maiftre Jean Bollu fon oncle , Docteur en Théologie ; fur la préfentation du Prieur. Trois actes du Chapitre de Paris des 28. Decembre 10. & 11. Janvier 1532. contenant la Réception de Maiftre Jean du Voigne en la Vicairie perpétuelle de Saint Martin , comme réfignataire dudit Maiftre Jean Sequenault, pour caufe de permutation , fur la préfentation du Prieur après examen. Acte du Chapitre de Paris du 20. Fevrier 1553. contenant que Maiftre Richard Collet, Sécretaire du fieur Préfident Loyfel, a efté appellé au Synode dudit Chapitre, & y a répondu en qualité de Vicaire de Saint Victor. Collation du 27. Novembre 1555. de la Vicairie perpétuelle de Saint Maur, en faveur de Maiftre Nicolas Touzard réfignataire de Maiftre Jean Roy, fur la préfentation du Grand-Vicaire du fieur Cardinal du Bellay, Evêque de Paris , Doyen de Saint Maur, après avoir efté examiné fur les chofes dont font tenus les Grand Vicaires. Collation du 20. Septembre 1557. de la Vicairie-perpétuelle de Saint Martin , en faveur de Maiftre François Genty, fur la préfentation du Prieur. Provifion & fignature d'un Légat du Pape du 21. Septembre 1558. en faveur de Maiftre Claude le Leu, pour la Grand Vicairie de S. Germain, fur la réfignation de Maiftre Pierre Gefvres, & Acte d'admiffion de ladite fignature par le Chapitre de Paris du 12. Octobre 1558. qui qualifie ladite Vicairie, perpétuelle. Provifion & fignature de Cour de Rome du 6. des Ides d'Aouft 1563. de la Grand Vicairie de Saint Marcel, en faveur de Maiftre Eftienne du Bois réfignataire de Maiftre François Clement avec le *vifa* du Chapitre de Paris, & réception dudit du Bois du 23. Mars 1563. Collation de la Vicairie-perpétuelle de Saint Germain du 6. Juillet 1571. en faveur de Maiftre Guillaume Bouy , fur la préfentation du Chapitre. Collation de la Grand Vicairie de Saint Germain du 25. Juin 1573. en faveur de Maiftre Nicolas Berlize réfignataire de Maiftre Guillaume Bouy, fur la préfentation du Chapitre. Collation de la grande ou perpétuelle Vicairie de Saint Martin , du premier Decembre 1574. en faveur de Maiftre Hermand Hauffray. Collation de ladite grande ou perpétuelle Vicairie de S. Martin , du 26. Mars 1578. en faveur de Maiftre Nicolas Dyeu , Chanoine de Senlis, réfignataire de Maiftre Ifraël le Bouc pour caufe de permutation fur la préfentation, du Prieur. Collation de la Grand Vicairie de Saint Germain du 14. Octobre 1583. en faveur de Maiftre Matthieu Poupart, réfignataire de Maiftre Pafchal Bigault pour caufe de permutation fur la préfentation, du Chapitre. Collation de la grande ou perpétuelle Vicairie de Saint Martin du 22. Octobre 1590. en faveur de Maiſtre Raymond de la Caſſaigne, réſignataire dudit Maiſtre Nicolas Dyeu, ſur la préſentation du Prieur. Deux Actes du Chapitre de Paris des 26. Janvier & 4. Aouſt 1593. contenant les *viſa*, & approbations dudit Chapitre des deux ſignatures du Cardinal de Plaiſance Légat du Pape, portant proviſion en faveur de Maiſtre Jean Douceur de la Vicairie-perpétuelle de Saint Martin des Champs, vacante par le décès dudit de la Caſſaigne. Collation de la Grande ou perpétuelle Vicairie de Saint Maur du 26. Mars 1594. en faveur de Maiſtre Jean Hue, réſignataire de Maiſtre Touzard, ſur la préſentation du Grand-Vicaire du ſieur Evêque de Paris Patron de ladite Vicairie à cauſe de l'Abbaye de Saint Maur annexée à ſon Evêché. Collation du 23. Decembre 1595. en faveur de Maiſtre Martin de la Porte de la Grand-Vicairie de Saint Victor, vacante par le décès de Maiſtre Jean Melor, ſur la préſentation de l'Abbé, enſuite de laquelle eſt l'adjudication de la Maiſon Clauſtrale qu'avoit poſſedé ledit Melot. Collation du 13. Octobre 1597. de la Vicairie-perpétuelle de Saint Marcel, en faveur de Maiſtre Jean l'Evêque, réſignataire de Maiſtre Jean Gruel, Chanoine de Saint Marcel. Deux collations des 16. & 27. Mars 1600. de la Grand-Vicairie de Saint Martin, qui avoit vaqué par le décès de Maiſtre Nicolas Guiche; la première en faveur de Maiſtre Pierre Cahier; la ſeconde en faveur de Maiſtre André Jacquier réſignataire dudit Cahier, ſur les préſentations du Prieur. Collation du 14. Mars 1606. en faveur de Maiſtre François Touzard réſignataire de Maiſtre Abraham Blondel, de la grande & perpétuelle Vicairie de Saint Denys de la Chartre, pour cauſe de permutation, en recompenſe d'une des deux Sémiprébendes de Saint Aignan. Collation du 12. Juillet 1610. en faveur de Maiſtre Jacques Fournier, de la grande ou perpétuelle Vicairie de Saint Germain, vacante par le décès de Maiſtre Matthieu Poupart, ſur la préſentation du Chapitre. Collation du 14. Mars 1615. de ladite grande ou perpétuelle Vicairie de Saint Germain, en faveur de Maiſtre Martin Ruellé réſignataire dudit Fournier pour cauſe de permutation, ſur la préſentation du Chapitre. Collation du 8. Juillet 1616. en faveur de Maiſtre Mileré Girard Docteur en Théologie, de la grande ou perpétuelle Vicairie de Saint Victor, prétendue vacante par le décès dudit Maiſtre Maturin de la Porte, ſur la préſentation de l'Abbé; à quoy Maiſtre Pierre le Gay s'eſt oppoſé, comme prétendant en avoir eſté pourvu en Cour de Rome ſur la réſignation dudit de la Porte. Collation du 9. Aouſt 1617. de la grande ou perpétuelle Vicairie de Saint Marcel, en faveur de Maiſtre Noël Tharon, réſignataire de Maiſtre Jean Leveſque, pour cauſe de permutation. Collation du pénultiéme Octobre 1617. de la grande ou perpétuelle Vicairie de Saint Victor, en faveur dudit le Gay réſignataire dudit Girard, en conſequence de deux Sentences des Requeſtes du Palais, ſur la préſentation de l'Abbé. Collation du 4. Novembre 1617. de la grande ou perpétuelle Vicairie de

Saint

Saint Victor, en faveur de Maiftre Jean Baudouin réfignataire dudit
le Gay. Signature & provifion de Cour de Rome du 22. Janvier 1618.
de la Grand-Vicairie de Saint Denys de la Chartre, en faveur de Maiftre Matthieu Colombe Chanoine de Beauvais réfignataire dudit Maiftre François Touzard pour caufe de permutation. Autre fignature
& provifion de Cour de Rome du 22. May 1619. de la même Vicairie, qualifiée perpétuelle Grand-Vicairie de Saint Denys de la Chartre, en faveur de Maiftre Pierre Heudebert réfignataire dudit Colombe pour caufe de permutation. *Vifa* du Chapitre de Paris defdites fignatures & réception dudit Heudebert, en la grande ou perpétuelle Vicairie de Saint Denys de la Chartre. Acte du Chapitre de
Paris du 4. Decembre 1419. contenant la requifition de Maiftre Jean
le Clerc pour eftre reçu en la Vicairie de Saint Germain, en vertu
des Titres & Sentences obtenus en Cour de Rome, contre Maiftre
Jean Senonis. Autre Acte dudit Chapitre de Paris du 11. Decembre
1419. contenant fon appel defdites Sentences. Deux autres Actes dudit Chapitre des 4. & 5. Janvier 1420. contenant la réception dudit
le Clerc en ladite Vicairie de Saint Germain. Trois autres Actes capitulaires, dont deux du même jour 4. Janvier 1420. & le 3e. du 29.
defdits mois & an, contenant qu'il fera fait diligence à Rome, pour
obtenir du Pape Martin le renouvellement des Bulles d'affectation
des Papes Urbain V. Clement VII. & Jean XXIII. & la fuppreffion
de huit Chapelles de l'Eglife de Paris pour en attribuer le revenu aux
Bénéfices de ladite Eglife. Collation du 5. May 1421. en faveur de
Maiftre Nicolas le Sellier Notaire du Chapitre de Paris, de la Vicairie de Saint Marcel, vacante par mort dés le 18. Octobre 1420.
Deux Actes capitulaires des 16. & 26. dudit mois de May 1421. Le
premier contenant la requifition de Maiftre Jean Chevrot, Chanoine
de Saint Marcel, pour eftre reçu en la Vicairie-perpétuelle de Saint
Marcel, fur la préfentation du Chapitre de ladite Eglife; à quoy ledit le Sellier s'eft oppofé; & a appellé. Le fecond, contenant la réponfe du Chapitre de Paris à la feconde requifition dudit Chevrot,
qu'il n'y pouvoit pas eftre fatisfait attendu la Collation donnée par dé-
volu audit le Sellier. Arreft du Parlement du 23. Mars 1423. par lequel, du confentement de toutes lefdites Parties, le Chapitre de Saint
Marcel a efté maintenu en poffeffion de préfenter telle perfonne que
bon luy femble à ladite Vicairie de Saint Marcel en cas de vacance
par mort; & en conféquence le Chapitre de Paris tenu de donner
fa collation audit Chevrot, qui avoit efté préfenté dans les fix mois
de la vacance de ladite Vicairie. Sentence du Châtelet du 8. Mars,
1586. & Arreft du Parlement confirmatif du premier Avril 1597. portant condamnation contre le Chapitre de Saint Germain de l'Auxerrois
de recevoir Maiftre Regnault le Fort Preftre habitué en l'Eglife de
Saint Germain le Vieux en la Vicairie de Saint Merry fondée en ladite Eglife de Saint Germain de l'Auxerrois, dont ledit le Fort avoit

H

esté pourvu par résignation du dernier Titulaire. Arrest du Grand Conseil du dernier Mars 1595. qui a maintenu Maistre Guillaume Dargonne résignataire de Maistre Jean Douceur en la Grand-Vicairie de Saint Martin fondée & déservie en l'Eglise de Paris. Réception dudit Dargonne en ladite Grand Vicairie du 14. Avril 1595. Provision donnée par le Grand-Vicaire du sieur Evesque de Paris le 27. Juin 1597. à Maistre Barthelemy Thureau Prestre du Diocese de Senlis résignataire de Maistre Noël Bugnon pour cause de permutation, de la grande ou perpétuelle Vicairie de Saint Denys de la Chartre, sur le refus du Chapitre de Paris de recevoir ledit Thureau en ladite Vicairie, attendu que Maistre Pierre Gillet, lequel avoit esté Enfant de Chœur en ladite Eglise de Paris, y avoit esté reçu sur la présentation du Prieur de Saint Martin. Sentence des Requestes du Palais du 28. Iuin 1597. qui a maintenu ledit Thureau contre ledit Gillet en ladite Grand-Vicairie. *Visa* du Grand Vicaire dudit sieur Evêque de Paris du 4. Octobre 1616. sur une signature & provision obtenue en Cour de Rome par Maistre Pierre le Gay résignataire de Maistre Martin de la Porte, de la grande ou perpétuelle Vicairie de Saint Victor, pour le refus fait par le Chapitre de Paris de recevoir ledit le Gay en ladite Vicairie, à cause que Maistre Mileré Girard y avoit esté reçu sur la présentation de l'Abbé de Saint Victor comme prétendant ladite Vicairie estre vacante par mort. Deux Sentences des Requestes du Palais des 5. Aoust, & 14. Octobre 1617. l'une de récréance, l'autre de maintenue en faveur dudit le Gay contre ledit Girard, pour le possessoire de ladite Vicairie de Saint Victor qualifiée Grand Vicairie par lesdites Sentences. Acte du Chapitre de Paris du 24. Février 1530. contenant la présentation & réception de Maistre Iean Baillet en la Vicairie-perpétuelle de Saint Germain, vacante par le décès de Maistre Iean Spifame Conseiller au Parlement, arrivé le même jour; ensuite duquel est un autre Acte du 25. desdits mois & an, contenant la requisition des exécuteurs Testamentaires dudit Spifame Grand Vicaire pour qu'il fust inhumé en ladite Eglise au pied de la sepulture du sieur Ruzé son oncle. Autre Acte capitulaire du 28. Février 1530. par lequel, sur le murmure fait par aucuns Chanoines & Bénéficiers de ce qu'aux obseques dudit Spifame les seuls Chanoines & Dignitez de l'Eglise y avoient officié, & qu'on luy avoit rendu autant d'honneur que l'on en rendoit aux Chanoines; il a esté arresté qu'à l'avenir aux obseques des Vicaires qui se feront en l'Eglise de Paris par la permission du Chapitre, six Bénéficiers Prêtres diront les six premieres Leçons des Vigiles, deux Chanoines les 7. & 8. & le sieur Doyen la derniere. Autre Acte capitulaire du 22. May 1530. contenant le refus de recevoir Maistre Iacques Spifame Conseiller au Parlement, en ladite Vicairie de Saint Germain, dont il s'étoit fait pourvoir en Cour de Rome sur la résignation dudit Maistre Spifame son frere : attendu que ledit Maistre Jean Baillet y avoit esté

reçu. Autre Acte capitulaire du 22. Avril mil cinq cens trente. deux
contenant nomination de Commissaires pour examiner le Réscrit & provision du Légat du Pape de la Vicairie de Saint Martin en faveur de
Maiftre Jean Sequenault , examiner & interroger ledit Sequenault.
Collation du 3. May 1532 en faveur dudit Sequenault Réfignataire de
Maiftre Jean Bolu de la Vicairie perpétuelle de Saint Martin fur la
préfentation du Prieur. Autre Acte Capitulaire du 16. Novembre
1532. contenant exhortation audit Bolu d'admonefter ledit Sequenault
fon neveu de faire réfidence en ladite Eglife de Paris & d'affifter au
Service ainfi qu'il y eft obligé. Liaffe de 129. pieces qui font autant
de Conclufions capitulaires & autres Actes des années 1401. 1415. 1416.
1419. 1420. 1421. 1424. 1425. 1426. 1427. 1428 1429. 1430. 1431.
1441. 1442. 1443. 1446. 1447. 1576. 1583. 1585. 1590. 1592. 1605.
1606. 1610. 1611. 1612. 1613. 1614. 1615. 1616. 1617. 1618. 1619. 1620.
1621. 1622. 1623. & 1624. fur difpenfe de réfidence, correction, com-
miffions, récompenfes, & autres matieres concernant les pourvus des
Vicairies defdites Eglifes de Saint Maur , Saint Martin des Champs,
Saint Denys de la Chartre, Saint Victor, Saint Marcel & Saint Germain de l'Auxerrois: par la plupart defquels Actes lefdits Vicaires ont
été qualifiez Grand-Vicaires; & leurs Benefices, Grand Vicairies defdites Eglifes : & entre lefquels Actes font celuy du 16. Novembre 1590.
par lequel Maiftre Jean Morot Vicaire de S. Victor a été commis à la
Recepte des Matines de ladite Eglife de Paris; celuy du 5. Mars 1610.
qui a qualifié la Vicairie de S. Maur, Perpétuelle ou grande Vicairie;
ceux des 12 Juillet & 27. Aouft de la même année 1610. où la Vicairie de Saint Germain eft qualifiée grande ou perpétuelle Vicairie;
Ceux des 27. Mars & 30. Juin 1611. contenant le defaveu fait par
Maiftre Pierre Fremy, grand ou perpétuel Vicaire de S. Victor, de la
qualité à luy donnée par un *Committimus* de Chanoine Grand-Vicaire en l'Eglife de Paris, comme étant un vice de Clerc. L'Acte du 15.
Juin 1611. ou le Vicaire de Saint Victor a efté qualifié grand ou
perpétuel Vicaire. Celuy du 21. Septembre 1612. où Maiftre
Jacques Fremy a été qualifié grand ou perpetuel Vicaire de Saint Germain de l'Auxerrois; & ceux des 9. & 22. Décembre , 15. Février,
3. Avril & 17. May 1613. 24. Septembre 1614. 24. Mars 1615. 26. Mars,
27. Juin, 7. & 8. Juillet, & 22. Octobre 1616. 10. Avril, 9. Aouft, 30.
Octobre & 4. Novembre 1617. 12. Octobre 1618. 23. Septembre & 15.
Novembre 1619. 9. Décembre 1620. 5. & 7. Avril 1621. 25. Juin, 16.
Septembre & 5. Octobre 1622. 4. Février & 7. Mars 1623. & 26. Juin
1624. où lefdites Vicairies font qualifiées Vicairies perpétuelles. Trei-
ze Conclufions capitulaires des 25. Février 1569. 29. Avril & 12. Aouft
1575. 2. Aouft 1577. 5. Novembre 1578. 14. Novembre 1584. 24. Juillet
& 21. Octobre 1587. 5. Février & 27. Juillet 1611. 3. & 24. Février
1612. & 6. Février 1617. concernant, l'augmentation de fix Chantres
Clercs de Matines en l'Eglife de Paris; l'affectation des revenus de fix
Chapelles, des vint de ladite Eglife, pour leur fubfiftance , & l'éxé-

cution des partitions des Bénéfices de ladite Eglife de Paris. Copie de
la partition des Bénéfices dépendans de la collation de ladite Eglife de
Paris, divifez en 52. portions, qui eft le nombre des Chanoines, de l'année 1571. Dix autres Conclufions capitulaires des 17. 19, & 26 May,
2. 6. 9. & 23. Juin, premier, 7. & 14. Juillet 1617. concernant l'ordre
des femaines des Dignitez & Chanoines de l'Eglife de Paris pour nommer aux Bénéfices de la Partition des Chanoine, *in Minoribus.* Arreft du
Parlement du 7. Aouft 1625. qui a caffé une Partition des Bénéfices de
la collation du Chapitre du Mans de l'an 1236. & a jugé avec le Rec-
teur de l'Univerfité en faveur de Maiftre Nicolas Daffe ; qu'il y avoit eu
ouverture aux Graduez pour la Cure d'Arthonne comprife en ladite
Partition. Une Liaffe de 13. piéces, qui font autant de Collations des
13. Aouft 1612. 6. Septembre & 2. Décembre 1613. 10. Janvier 1614. 11.
Décembre 1615. 16. Février & 16. Juin 1617. 5. Novembre 1618. 24. Mars
1620. 12. May & 22. Décembre 1621. 2. Décembre 1622. & 18. Septembre 1623. d'aucuns des Bénéfices de la Collation du Chapitre de ladite
Eglife de Paris fuivant les partitions faites entre les Dignitez & Chanoines, & fur leurs nominations. Huit Conclufions capitulaires des 26.
& 28. Novembre 1393. 2. Juillet 1394. 26. & 27. Juin 1415. 27. Juin 1616.
20. Novembre 1617. & 20. Septembre 1619. contenant monition aux
Chanoines de Saint Denys du Pas & de Saint Jean le Rond, Clercs de
Matines, Machicots, & Bénéficiers de l'Eglife, de faire décemment le
Service auquel ils font tenus fur les peines portées par lefdites Conclufions. Ordonnance capitulaire du 7. Février 1583. en un Chapitre général, portant que les Grand-Vicaires fuivant l'ancienne coutume,
marcheront immédiatement *ante Dominos Canonicos* aux Stations &
Proceffions, & auront femblablement féance au Chœur immédiatement proche lefdits Chanoines. Autre Ordonnance capitulaire du 6.
Février 1615. auffi en un Chapitre géneral, portant que les grands
ou perpétuels Vicaires de ladite Eglife de Paris fuivant l'ancienne coutume & Conclufion du Chapitre général du 7. Février 1583. précéderont immédiatement les Chanoines dans les Stations & Proceffions,
s'affoieront pareillement au Chœur auprès des Chanoines ; qu'aux Of-
fertoires, au chant du *Libera* & en femblables Actes, ils marcheront
immédiatement après les Chanoines ; diront les Leçons & les Antiennes és Feftes folemnelles au defaut des Chanoines, & précéderont les
Chanoines Prêtres de Saint Denys du Pas & de Saint Jean le Rond. Acte
capitulaire du 19. dudit mois de Février 1515. par lequel, nonobftant les
remonftrances des Chanoines Prêtres de Saint Denys du Pas & de Saint
Jean le Rond, il a été ordonné que celle du 6. dudit mois de Février
tiendroit. Sentence des Requeftes du Palais du 24. Janvier 1623. rendue entre Maiftres Antoine Bretefche, Noel Tharon, Jean Baudouin,
Pierre Heudebert, Nicolas Pelletier & Pierre Fremy Grand-Vicaires
en l'Eglife de Paris, d'une part : Maiftres Claude Rufin & Adrien
Moriffant Vicaires de Saint Aignan, Maiftres Guillaume Virot, Jacques

ques deBornes, Nicolas Rousseau, Pierre de Clandron, Jacques Lar-
sonneur, Chanoines de Saint Denys du Pas & Bénéficiers Prêtres en
l'Eglise de Paris ; Robert Hincelin & René Davoust Chanoines &
Curez de Saint Jean le Rond & Bénéficiers Prêtres en ladite Eglise de
Paris d'autre ; & lesdits Doyen, Chanoines & Chapitre de l'Eglise de
Paris encore d'autre : Par laquelle, du consentement desdits Rufin &
consors ; lesdits Bretesche, Tharon, Baudouin, Heudebert & Fremy,
ont été maintenus en la possession & jouïssance de la présséance és Chaizes du Chœur, Processions & Stations ; & outre, lesdits Bretesche &
consors, maintenus & gardez en la possession & jouïssance de la préf-
séance & place à main droite en la fonction du chant au pupitre, & des
Antiennes & Traits ; sans aucunement préjudicier à la discipline du
chant & Service divin. Quatre Conclusions capitulaires des 14. Novembre 1622. 11. 16. & 25. Janvier 1623. contenant les Délibérations prises au sujet de l'Instance & des Contestations Jugées par ladite Sentence. Deux Tables de la distribution des mereaux des Anniversaires de
ladite Eglise de Paris, des années 1624. & 1625. sur le pied de 3. l. 4. s.
chaque mereau ; où il paroist que lesdits Grand-Vicaires ont même distribution que les Chanoines. Quinze Tables des mereaux de Matines, des années 1494. 1498. 1509. 1522. 1524. 1526. 1529 1532. 1534.
1537. 1538. 1581. 1583. & 1617. 1618. où il paroist que les Grand-Vicaires ont même distribution que les Chanoines audit Office. Une Table
des distributions de l'Office d'*Ave Regina* de l'année 1624 où il paroist
que lesdits grands ou perpetuels Vicaires ont aussi mêmes distributions
que les Chanoines audit Office. Registre des Tables de la distribution
des deniers affectez aux Obits, Messes & Eau-benite ; Stations &
Processions, depuis le premier Novembre 1581. jusqu'au 30. Octobre
1582. où il paroist que lesdits Grand-Vicaires ont eu mêmes distributions que les Chanoines. Conclusion capitulaire du 4. Février 1428.
où il paroist que lesdits Grand-Vicaires ont u distribution de cierges
de même poids que ceux des Chanoines à la Feste de la Chandeleur.
Autre Conclusion capitulaire du 27. Septembre 1432. portant, que
des 42. l. provenus de la vente d'une Maison Claustrale, il en seroit
baillé seize sols parisis à chaque Chanoine & Grand-Vicaire presens.
Autre Conclusion capitulaire du 12. Avril 1440. portant, que des 70.
écus reçus par Maistre Jean de Bussy, il en seroit baillé deux écus d'or
à chaque Chanoine & Grand Vicaire presens, sur le gain de leurs mereaux. Autre Conclusion capitulaire du 2. Janvier 1572. portant, qu'à
l'avenir il sera baillé 3. s. à chaque Chanoine & Grand-Vicaire pour
leur assistance à la Procession de Sainte Genevieve. Autre Conclusion
capitulaire du 10. Avril 1617 en un Chapitre général, portant, qu'à
l'avenir les distributions des Chanoines & grands ou perpétuels Vicaires pour leurs assistances aux Processions, seront réduites à 8. s. celles
des autres Beneficiers à 4. s. & celles des Clercs de Matines à 2. s. comme
il avoit été accoutumé. Autre Conclusion capitulaire du 14. May 1618.

L.

portant, qu'aux Proceſſions des 3. jours des Rogations prochains ſeulement, il ſeroit diſtribué 16. ſ. à chaque Chanoine & Grand-Vicaire,
& 8. ſ. aux autres Bénéficiers & Habituez de l'Egliſe ainſi qu'il avoit
été accoutumé. Compte de l'Office des Heures rendu par Maiſtre Gilles Mauvallet Receveur pour l'année commencée au jour de la Touſſaint 1616. & finiſſant au dernier Octobre 1617. où il ſe voit que leſdits Grand-Vicaires n'ont point de part aux diſtributions ordinaires dudit Office, mais ſeulement aux diſtributions extraordinaires pour fondations appellées le manuel. Deux Actes capitulaires des 26. Mars
1430. & 24. Octobre 1432. contenant députation au Concile de Baſle.
Extrait dudit Concile de Baſle tiré de la Pragmatique Sanction, portant, qu'aux Egliſes où il n'y a point de diſtributions ordinaires & ar-
reſtées pour chacune des Heures, il en ſera pris du revenu des gros
fruits, afin que chacun ſoit ſalarié à proportion de ſon travail. Statut & Réglemens du Chapitre de Paris des 28. Juin 1392. 13. Janvier
1621. 18. Aouſt & 5. Décembre 1625. 23. Janvier & dernier Févier 1626.
pour les diſtributions des Heures & autres diſtributions manuelles
& quotidiennes és Egliſes de Saint Merry & du Saint Sepulcre.
Deux Arreſts du Parlement des 5. Aouſt 1535. & 10. Juillet 1546. donnez en forme de Règlement, entre les Chanoines-prebendez de réſidence de l'Egliſe d'Orleans; & les Doyen, Chanoines & Chapitre de
ladite Egliſe: portant entre autres choſes, que la moitié de tout le revenu d'icelle Egliſe, les frais deduits, ſera employée en diſtributions
quotidiennes; que les deniers revenans bons pour l'abſence & faute de
ceux qui n'aſſiſteront pas au Service Divin ſeront mis en la bourſe
commune pour eſtre employez aux affaires & profit de l'Egliſe: &
défenſes auſdits Doyen & Chanoines de tenir leur Chapitre ni faire
aucune aſſemblée pendant le Service divin. Autre Arreſt du Parlement du 12. Juillet 1544. rendu entre les Abbé, Chanoines & Chapitre de S. Spire de Corbeil, les Religieux Abbé & Couvent de S. Denys
en France, & Maiſtre Jean de Serre Prieur du Prieuré d'Eſſonne dé-
pendant de ladite Abbaÿe; Par lequel en infirmant une Sentence des
Requêtes du Palais qui avoit maintenu ledit de Serre comme Prieur
d'Eſſonne au droit de ſe qualifier Chanoine prébendé en l'Egliſe de S.
Spire de Corbeil, comme l'un des autres Chanoines prébendez de ladite Egliſe; il a eſté maintenu ſeulement au droit de ſe qualifier prébendé en icelle Egliſe comme l'un des autres Chanoines prébendez;
commettre & ſubſtituer un Vicaire pour en ſon abſence deſſervir ladite Prebende, aſſiſter au Service Divin, & prendre ou faire prendre
par ſondit Vicaire les fruits de ladite Prébende tant gros que menus;
ledit Vicaire ayant place au Chœur le dernier après leſdits Chanoines;
& ledit Prieur, lorſqu'il ſera préſent, au premier ſiége après l'Abbé
de ladite Egliſe au Chœur & ailleurs tant en Seſſions que Proceſſions;
ſans néantmoins que ledit Prieur puiſſe jouïr & uſer deſdits droits qu'a-
près avoir exhibé ſes proviſions dudit Prieuré audit Chapitre, ni qu'il

puisse se qualifier Chanoine en ladite Eglise, assister aux actes capitulaires, & avoir voix délibérative au Chapitre. Sentence des Requêtes du Palais du 14. Juin 1550. donnée en exécution d'une précédente du
21. Juillet 1546. Arrest du Parlement du 17. Avril 1560. donné en
exécution d'un précédent du 4. Juillet 1551. confirmatif de la susdite
Sentence : & autre Arrest du 30. Avril 1622. le tout en faveur des Religieux, Prieur & Couvent de S. Victor ; portant qu'ils jouiront des
fruits tant gros que menus & distributions quotidiennes & accoutu-
mées, de la Prébende qu'ils ont en l'Eglise de S. Spire de Corbeil, comme l'un des autres Chanoines prébendez de ladite Eglise ; qu'ils assisteront au Service divin, en présentant & députant par eux un Vicaire
Séculier ou Religieux de leur Monastére à leur choix & option, idoine
& suffisant, qui sera préalablement examiné par lesdits de Saint Spire,
& fera le Service accoutumé pour déservir ladite Prébende ; sans tou-
fois que ledit Vicaire ait lieu ou voix en Chapitre, ni part aux lots-&-
ventes. Autre Arrest du Parlement du 18. Decembre 1568. donné au
profit des Religieux, Prieur & Couvent de S. Nicolas d'Acy près Senlis ; portant entre autres choses que suivant une ancienne composition
de l'an 1205. ils ne pourront estre contraints à commettre un Vicaire
pour déservir la Prébende qu'ils ont en l'Eglise de Senlis, laquelle ils
déserviront eux-mêmes & en jouiront en telle égalité, liberté, pré-
rogatives, ainsi que les autres Chanoines de ladite Eglise ; tant en
gros fruits que distributions des Matines, Messes & Obits, & deniers
qui s'y baillent en fesant les baux à ferme ; & néantmoins n'auront entrée ni voix en Chapitre. Sentence des Requêtes du Palais du 4.
Juin 1625. & Arrest du Parlement du 31. Juin 1616. portant permission
aux Religieux, Prieur & Couvent de Saint Victor, de commettre un
Vicaire pour déservir la Chanoinie & Prébende à eux appartenant en
l'Eglise de S. Cloud ; & jouïr par luy des fruits tant gros que menus,
distributions quotidiennes & autres revenus & émolumens de ladite
Prébende ; sans néantmoins avoir séance ni voix délibérative au Chapitre de ladite Eglise de S. Cloud. Deux Actes des 23. Juin 1587. &
27. Janvier 1604. passez entre lesdites Parties, contenant abonnement
à la somme de 20. livres par an pour le Gros de ladite Prébende pendant les 18. années portées par chacun desdits Actes ; à la charge par
lesdits de S. Victor pendant ledit temps de faire comparoir leur Vicaire au Chapitre général de la veille S. Jean Baptiste audit Saint Cloud,
ou envoyer une procuration pour l'excuser. Copies des contredirs res-
pectifs desdites Parties aux Requêtes du Palais, & de leurs griefs &
réponses au Parlement ; où il se voit qu'elles étoient les contestations
d'entre elles jugées par lesdites Sentence & Arrest. Acte du 2. May
1364. contenant la donation faite par Guillaume de Melun Archevêque de Sens, des revenus, maisons, moulins, terres, prez, vignes, censives & autres possessions qu'il avoit au Village & Terroir de Vernou,
pour en estre les revenus distribuez à ceux qui assisteroient à l'Office

de la Grand-Meſſe en ladite Egliſe de Paris; ſavoir, aux Chanoines &
autres ayant dignité, qui entreroient avant l'Epître & demeureroient
juſqu'au dernier *Agnus Dei*, chacun 6. deniers; & aux Chanoines
de S. Aignan, S. Denys du Pas, S. Jean le Rond, & aux Vicaires, en-
trant au premier *Kyrie eleiſon* & demeurant juſqu'au dernier *Agnus
Dei*, à chacun 4. deniers, ſans qu'aucune autre perſonne que celles cy-
deſſus y puiſſe prétendre aucune rétribution. Concluſion capitulaire
du 5. Janvier 1367. portant qu'il ſera payé 18. deniers au lieu de 16.
qu'on avoit accoûtumé de payer pour l'aſſiſtance dés Heures. Autre
Concluſion capitulaire du 26. Juin 1368. par laquelle pluſieurs Chanoines ont eſté commis pour aviſer aux moyens de faire aſſiſter à la Grand-
Meſſe, & pour la diſtribution du pain de Chapitre & du vin. Deux
autres Concluſions capitulaires des 26. Juin & 3. Juillet 1370. ſur ce que
les Vicaires & Chanoines de S. Aignan, S. Denys du Pas & S. Jean
le Rond négligeoient d'aſſiſter à la célébration de la Meſſe, même les
jours de Dimanches & de Fêtes. Autre Concluſion capitulaire du 27.
Octobre 1367. portant que les Grand-Vicaires qui ſeroient reçus
doreſnavant jureroient l'aſſiduité au Chœur, & que ledit ſerment ſeroit exprimé par leurs Lettres qu'ils auroient toutes ſeellées, avant
que d'eſtre inſtallez. Autre Concluſion capitulaire du 27. Avril 1394.
portant que le Statut fait en l'année 1325. contre les Vicaires Chanoines de S. Denys du Pas & de S. Jean le Rond, Machicots, Clercs de
Matines & autres, tant Prêtres que Clercs, déſervans en ladite Egliſe de
Paris, ſortans du Chœur avant que l'Office des Heures auſquelles ils
doivent continuellement aſſiſter ſoit achevé, ſera executé. Autre Concluſion capitulaire du 17. Novembre 1405. contenant citation & monition
des Grand Vicaires, ſur ce que contre leur devoir & leur ſerment ils
négligent d'aſſiſter à toutes les Heures. Deux autres Concluſions capitulaires des 6. Février & 4. Avril 1418. contenant, attendu les beſoins
de l'Egliſe, qu'on vendra des joyaux pour les deniers en provenans eſtre
mis és mains des Receveurs des Heures & des Anniverſaires; & que
deux Enfans de Chœur & le Serviteur de la Maîtriſe ſeront congédiez.
Autre Concluſion capitulaire du 2. Juin 1419. par laquelle, attendu la
neceſſité du temps, de grace, par proviſion, par forme de preſt & ſans
tirer à conſéquence, il eſt ordonné que pendant quinzaine il ſera payé
7. ſols Pariſis à la fin de chaque ſemaine aux Grand-Vicaires & aux
Chanoines de S. Jean le Rond & de S. Denys du Pas, à valoir ſur ce
qu'ils avoient gagné & gagneroient par leurs aſſiſtances; ſauf à le reprendre & déduire, avec condition de leur diminuer 4. deniers pour
chaque fois qu'ils manqueroient d'aſſiſter à Matines, à la Meſſe & à
Vêpres. Autre Concluſion capitulaire du 28. Juin 1419 portant que
Maiſtre Jean Haye Vicaire Receveur de l'Office des Heures, ſera faire des mereaux de plomb de valeur de 4. deniers, pour eſtre diſtribuez aux Vicaires & aux Chanoines de S. Jean le Rond & de S. Denys du Pas, à Matines, à Vêpres & à la Meſſe; à la charge de faire leur

entrée à la Meſſe devant l'Epître , & d'aſſiſter juſqu'à *l'Agnus Dei.*
Autre Concluſion capitulaire du 4. Decembre 1420. portant que les
Bénéficiers officiant au Chœur gagneront & recevront deſormais leurs
mereaux & diſtributions, ſelon la nature de leurs Bénéfices. Deux autres Concluſions capitulaires du premier Decembre 1421. l'une portant
que les compagnons Chantres & Bénéficiers de l'Egliſe auront par
forme de proviſion pour chaque jour du mois de Novembre dernier,
12. deniers Pariſis : l'autre portant même choſe pour les Chanoines.
Deux autres Concluſions capitulaires des 23. Février 1421. & 29. Janvier 1421. portant augmentation de 4. deniers à ladite proviſion juſqu'à
Pâques, tant pour les Chanoines, que pour les Compagnons, Chantres
& Bénéficiers de l'Egliſe. Deux autres Concluſions capitulaires des 19.
Avril 1428. & premier Juillet 1429. portant réduction des deux Meſſes
d'Obits de Pierre d'Orgemont & du ſieur de Villeblain, à une Meſſe;
attendu la miſere du temps, & le peu de revenu qu'on tiroit de leurs
fondations. Autre Concluſion capitulaire du dernier Decembre 1432.
qui regle la maniere de gagner par les Compagnons choriſtes la proviſion à eux nouvellement accordée, aux diſtributions des Offices des
Matines, Heures & Anniverſaires. Autre Concluſion capitulaire du
4. Février 1432. feſant mention d'une certaine Table de proviſion des
Chanoines & des Vicaires, pour la diſtribution de leurs mereaux. Autre Concluſion capitulaire du 6. Février 1440. portant, attendu la néceſſité du temps, réduction des 13. compagnons Choriſtes & Bénéficiers,
au nombre de 7. auſquels il ſera fait diſtribution de 16. deniers par jour,
comme de coutume : & quant aux Grand-Vicaires, qu'ils recevront
leurs mereaux anciens & accoutumez. Deux autres Concluſions capitulaires du 17. Janvier 1441. l'une contenant Reglement proviſoire pour
la diſtribution des Bénéficiers aſſiſtans à l'Office des Heures, en quoy
ne ſont compris les Grand-Vicaires : l'autre, qu'il ſera payé à chaque
Grand-Vicaire 4. livres ; & qu'au ſurplus on traitera avec eux. Autre
Concluſion capitulaire du 27. Janvier 1441. portant que par proviſion
il ſera payé 38. livres à chacun des Grand-Vicaires ſur ce qui leur eſt
du, à cauſe de leurs Bénéfices. Deux autres Concluſions capitulaires
des 6. & 8. Aouſt 1442. portant, attendu les néceſſitez du temps &
la réduction des compagnons du Chœur, que les Grand-Vicaires &
ceux de Saint Agnan aideront à ceux qui ſont reſtez, & auront même
diſtribution, outre les mereaux anciens des Grand-Vicaires. Autre
Concluſion capitulaire du 21. Decembre 1443. portant que ſix Bénéficiers ſeront nommez, pour dire la Meſſe & les petites Heures : &
quant aux Chanoines & autres Bénéficiers ſervans au grand Autel ; que
mereaux, qui ſeront taxez ſelon les néceſſitez du temps, leurs ſeront
diſtribuez à Matines, aux Obits & aux Heures, comme on feſoit anciennement. Autre Concluſion capitulaire du 11. May 1394. contenant
la réquiſition des Vicaires, pour avoir leurs mereaux de Matines, Meſſe
& autres Heures, comme autrefois ils leurs avoient eſté diſtribuez ;

K.

ayant ouy dire à leurs anciens qu'on les leur diftribuoit au commencement de Matines, ainfi qu'aux Chanoines; au lieu que depuis, ladite Heure
a efté changée à celle de *Laudate*, pour lefdits Vicaires feulement.
Quatorze autres Conclufions capitulaires des 22. Janvier 1420. 9 Janvier, 7. Mars, 4. & 6. Avril 1440. 28. Avril & 5. May 1441. 6. 11. &
16. Avril, & 16. May 1442. 27. Avril 1446. 19. Juillet & 17. Novembre 1447. contenant leurs demandes, à ce qu'il leur fuft fait raifon
de leurs Bénéfices & droits qui en dépendent, & des Stations: furquoy
l'Archidiacre de Paris, le Chancelier, le Penitencier, le Chambrier, &
plufieurs Chanoines, ont efté commis, pour entendre & répondre aux
prétentions defdits Grand-Vicaires. Autre Conclufion capitulaire du
premier Juillet 1585. portant lecture d'une Requête contenant les plaintes de Maiftre Jean Morot Grand Vicaire de S. Victor, de ce qu'il ne
luy étoit diftribué & aux autres Grand-Vicaires que deux pains par
jour au lieu de quatre qu'avoient les Chanoines, fans aucun mereau
pour les Heures; & de ce qu'on luy fefoit faire plus de Service qu'il
n'en devoit, n'étant pas obligé d'en faire plus qu'un Chanoine. Cinq
autres Conclufions capitulaires des 11. & 23. Aouft 1589. 7. Decembre
1590. 7. Mars & 6. Avril 1592. où il paroift: que ledit Morot ayant
efté privé de fon pain de Chapitre jufqu'à ce qu'il euft obéy à un
mandement du fieur Doyen, il y a eu inftance en laquelle le Chapitre
a donné pouvoir d'appeler d'un jugement de rétention des Requêtes
du Palais: qu'il fut auffi donné pouvoir de demander au Chaftelet le
renvoy d'une demande des Grand-Vicaires pour le payement de leur
gros: que Maiftre Antoine Loyfel Avocat fut chargé de la caufe pour
plaider contre ledit Morot: & qu'il fut remis à délibérer d'une Requête dudit Morot aux prochains Chapitres généraux. Quatre autres
Conclufions capitulaires des 13. Juillet 1592. 12. Janvier & 17. Février
1594. & 20. Mars 1595. où il paroift; que ledit Morot ayant efté preffé
de fatisfaire à ce qui luy avoit efté ordonné par le Chapitre, au fujet
de fes diftributions; il y eut un autre procès, au fujet duquel le Penitencier & des Chanoines furent nommez pour le folliciter tant au
Parlement qu'au Grand Confeil. Deux autres Conclufions capitulaires
des 22. & 23. Decembre 1595. contenant la permiffion accordée aux
exécuteurs teftamentaires dudit Morot, de faire fuivant fon intention l'Office des Morts en la Chapelle de la Confrérie de Saint Au-
guftin; & la licitation de la Maifon Clauftrale que ledit Morot pof-
fédoit, enchérie à 300. écus. Plufieurs Conclufions capitulaires des
12. Novembre & 13. Decembre 1605. & 23. Février 1606. où il paroift: que l'Archidiacre de Paris & quatre Chanoines, ont efté commis
pour examiner les fonds des Anniverfaires; & combien il en doit eftre
célébré chaque femaine: que les diftributions manuelles ont efté ré-
tablies comme elles étoient avant les troubles des guerres civiles: que
les Chanoines de S. Jean le Rond auront diftribution nouvelle, femblable à celle des Chanoines de S. Denys du Pas, fors & excepté aux

Matines : & qu'il a efté fabriqué trente mille mereaux pour fervir aufdites diftributions. Quatre autres Conclufions capitulaires des 9. Mars,
27. Avril , 19. & 24. Novembre 1610. où il paroift que l'Archidiacre
de Paris, le Chancelier & fix autres Chanoines ayant efté commis,
pour entendre les plaintes & les prétentions des Vicaires-perpétuels
fur leur rapport & fuivant la délibération prife à la Chambre, le mereau de Matines a efté rétably fuivant l'ancienne coutume.Quatre autres
Conclufions capitulaires des 25. Janvier, 17. Février & 4. Novembre
1446. & 21. Aouft 1447. où il paroift ; que les Chanoines de S. Denys du
Pas s'étant oppofez à ce que le réliqua descomptes de l'Office des Heures ne fuft employé à leur prejudice ; l'Archidiacre de Jofas ayant auffi
formé empê hement à ce que lefdits deniers ne fuflent diftribuez qu'a-
près toutes les charges de l'Eglife acquitées , fur l'inftance formée à ce
fujet aux Requêtes du Palais ; il a efté arrefté par la Conclufion dudit
jour 21. Aouft 1447. qu'on donneroit 10. écus d'or aufdits Chanoines
de S. Denys du Pas pour toutes leurs prétentions. Autre Conclufion
capitulaire du 15 Avril 1448 fefant mention de l'appointement demandé par lefdits Chanoines de S. Denys du Pas pour leur procès. Autre
Conclufion capitulaire du 9. Septembre 1493. portant que ceux des
Bénéficiers de S. Denys du Pas qui n'ont pas voulu déférer aux Ré-
glémens du Chapitre , touchant la diftribution des mereaux, feront
exclus des Bénéfices qui viendront à vacquer, & privez des Meffes
qui fe célébrent en ladite Eglife de Paris. Autre Conclufion capitulaire du 29. Decembre 1581. portant révocation d'une penfion de 25.
livres, accordée à Maiftre Pafcal Huby, Chanoine Diacre de S. Denys du Pas. Six autres Conclufions capitulaires des 9. & 12. Janvier
1582 2. Avril 1583. 15. Novembre 1584. & 4. Février 1585. concernant
le procès intenté par lefdits Chanoines de S. Denys du Pas, au fujet
de ladite révocation de penfion. Tranfaction du 5. dudit mois de Février 1585. par laquelle outre les 20 deniers par jour accordez aufdits
de S. Denys du Pas, par une Tranfaction de l'année 1537. aux diftributions des Heures Canoniales, & les 14. deniers Parifis d'augmentation
portez par une feconde Tranfaction de l'année 1561. le Chapitre leur a
accordé la diftribution des Obits folemnels, & deux pains de Chapitre
au lieu d'un qu'ils avoient auparavant. Deux Conclufions capitulaires
dudit jour 5. Février 1585. l'une contenant enregiftrement de ladite
Tranfaction ; l'autre concernant la Fabrique de 700. mereaux pour
diftribuer aufdits Chanoines de S. Denys du Pas aufdits Obits folemnels. Trois autres Conclufions capitulaires des 25. Juin 1585. 10. Février & 9. Septembre 1588. fefant mention que ladite Tranfaction a
efté homologuée au Parlement le 18. Novembre 1585. & que lefdits
mereaux folemnels pour l'année échue à la Touffaint 1587. montent à
40. livres. Trois Conclufions capitulaires des 18. Juillet & 20. Novembre 1578. & 30. Janvier 1579. la premiere, contenant augmentation
de 11. fols 8. deniers, aux 30. fols par femaine qu'on avoit coutume

de diſtribuer aux Clercs de Matines, à l'effet de quoy il feroit pris tous
les ans 200. livres ſur l'Office des Anniverſaires, & 100. livres ſur l'Office des Heures : la ſeconde, contenant augmentation de 12. deniers
aux ſix deniers par jour que les Bénéficiers de S. Jean le Rond avoient
aux diſtributions de l'Office des Matines, de quoy la recette de l'Office des Anniverſaires demeurera chargée : la troiſieme, contenant
augmentation de 3. ſols 6. deniers obole auſdits Bénéficiers de S. Jean
le Rond, comme à ceux de S. Denys du Pas, aux diſtributions des Heures canoniales. Huit Actes capitulaires des 25. Novembre 1613. 5. Janvier 1615. 28. Novembre 1616. & 27. Novembre 1619. contenant les
Tables des mereaux des Anniverſaires pour leſdits Bénéficiers de S.
Denys du Pas & de S. Jean le Rond, avec mandement au Receveur de
les acquiter. Huit Conclusions capitulaires des 22. Decembre 1574.
15. Avril, 23. Juin & 16. Novembre 1614. 26. Juin 1615. 23. & 25. Juin
1621. contenant citation & monition des Grand-Vicaires, & autres Bénéficiers habituez, Clercs de Matines, & Officiers de l'Eglife qui doivent aſſiſtance & réſidence continuelle au Service divin qui ſe fait au
Chœur de ladite Eglife ; pour les obliger d'y aſſiſter, tant à la Meſſe
qu'aux autres heures, depuis le commencement juſqu'à la fin : ladite
Conclusion du 26. Novembre 1614. portant en outre, que les diſtributions tant de l'argent que du mereau, ne ſe feroient qu'à la fin du Service, ſuivant les Statuts anciens. Collation du 29. Janvier 1620. pour
la grande ou perpétuelle Vicairie de S. Germain de l'Auxerrois, ſur la
préſentation du Chapitre ; où eſt tranfcrite la formule du ſerment des
Vicaires, qui jurent réſidence & aſſiduité au Service divin. Vingt-neuf
Tables avec un Acte capitulaire des mois d'Avril, May & Juin 1594.
Juin & Decembre 1595. Juillet 1596. Avril, Juin & Juillet 1597. Decembre 1599. Janvier, Février & Avril 1600. 13. Aouſt 1618. Novembre &
Decembre 1619. Avril, May, Juin, Juillet & Aouſt 1624. Mars & Avril
1625. Avril & Septemére 1626. où les Dignitez, Chanoines, Vicaires
& autres Bénéficiers de l'Eglife ſont employez, pour les divers Offices
& Services dont chacun d'eux eſt tenu ; leſdites Tables des mois d'A-
vril 1594. Decembre 1595. Juin 1597. & Avril 1600. contenant la qualité de Grand-Vicaire, & toutes les autres de Vicaire ſeulement. Une
Liaſſe de 120 Conclusions capitulaires des 8. & 11. Janvier, 3. & 5.
Avril, 4. & 18. Juin, 12. Juillet, 4. & 9. Aouſt, 15. 22. 25. & 27. Octobre, 8. 12. 24. & 26. Novembre 1610. 22. Avril, 30. May & 19. Octo-
bre 1611. 5. Avril, 7. May 1. & 20. Juin, 13. & 17. Aouſt, 12. & 26. Octo-
bre 1612. Mars, Aouſt, Octobre, Novembre & Decembre 1613. Février,
Mars, Avril, Aouſt, Septembre & Octobre 1614. Janvier, Février,
Mars, Avril, May, Juin, Juillet, Aouſt, Septembre, Octobre & No-
vembre 1615. Mars, Avril, Juillet, Aouſt, Septembre & Octobre 1616.
Janvier, Mars, Octobre & Decembre 1617. Mars, Avril, May, Aouſt,
Septembre, Octobre & Novembre 1618. Mars, Avril, May, Juin,
Juillet, Septembre, Octobre, Novembre & Decembre 1619. contenant
diverſes

diverſes gratifications & récompenſes faites par le Chapitre, depuis 3.
livres juſqu'à 46. livres, à des Maiſtres de Grammaire, Baſſes-contes,
Clercs de Matines, Machicots, petit Sonneur & autres Officiers Béné-
ficiers & habituez de l'Egliſe. Une autre Liaſſe de quatre-vints-trois
Concluſions capitulaires, des mois de Janvier, Février, Mars, Avril,
May, Juillet, Aouſt, Septembre, Octobre, Novembre & Decembre
1620. Janvier, Février, Mars, Avril, May, Juin, Juillet, Septembre,
Octobre & Novembre 1621. Janvier, Avril, Juin, Aouſt, Septembre,
Octobre & Novembre 1622. Février, Mars, Avril, Juillet, Septembre
& Octobre 1623. contenant de pareilles gratifications & récompenſes.
Une autre Liaſſe de trente-cinq Concluſions capitulaires des mois de
Janvier, Juin & Juillet 1610. Aouſt & Septembre 1611. Avril, Aouſt &
Octobre 1612. Avril & Novembre 1613. May, Aouſt & Octobre 1614.
Février, Juillet & Novembre 1615. Septembre & Novembre 1616. Juil-
let & Octobre 1617. Septembre & Decembre 1618. Juillet 1619. May,
Juin, Novembre & Decembre 1620. Aouſt 1621. Juillet, Octobre &
Decembre 1622. & Mars 1623. contenant auſſi de pareilles gratifications
& augmentations de gages de 40. & 60. livres par an, à des Chantres,
& autres habituez & Bénéficiers ; outre & pardeſſus leurs diſtributions.
Une autre Liaſſe de ſoixante & cinq Concluſions capitulaires des années
1610. 1612. 1613. 1614. & 1615. contenant les dépenſes faites par le Chapitre, pour réparer les maiſons affectées aux Chanoines Prêtres de Saint
Denys du Pas, & aux Chanoines Curez de S. Iean le Rond. Extrait
du Livre des ſermens & Pouiller des Bénéfices de l'Egliſe de Paris ; où
eſt inſerée copie de la Bulle de Boniface Pape, qui oblige les Dignitez
& Chanoines à réſidence perſonnelle & continuelle ; & ne leur permet
que deux mois d'abſence pour vaquer à leurs affaires, pendant leſquels
ils ne doivent recevoir aucune diſtribution : Enſuite de quoy eſt le
Formulaire du ſerment du Doyen, qui jure entre autres choſes *ordina-
tione Bonifacii Papæ ſuper reſidentiam ad quam teneor impræſentiarum lege
obſervare.* Concluſion capitulaire du 4. Février 1612. portant que le
ſieur Doyen tant abſent que préſent, gagnera ſon mereau à toutes les
Héures & toutes les autres diſtributions manuelles, excepté les diſtributions des Matines. Autre Concluſion Capitulaire du 23. Avril 1624.
portant que le ſieur Doyen ſera tenu préſent à l'Egliſe, pendant qu'il
aura la direction des affaires du Chapitre. Autre Concluſion capitulaire du 2. Octobre 1370. portant que doreſnavant la diſtribution ne
ſera faite qu'à la fin de la Meſſe, *poſt Ite, miſſa eſt.* Copie d'une Bulle
du Pape Grégoire XI. du mois d'Avril 1373. portant qu'aux Meſſes
du jour des Trépaſſez, les Chanoines aſſiſteront dez l'Introït juſqu'-
après le dernier *Agnus Dei* ; & à l'Office des Morts depuis le premier
Pſeaume juſqu'à la fin du dernier Répons. Autre Concluſion capitulaire du mois de Iuin 1357. contenant l'oppoſition du Souchantre au
Statut de 21. jours de récréation. Cinq autres Concluſions capitulaires des 26. Aouſt 1357. 30. Iuin 1389. 7. Février 1390. 27. Iuin 1392. &

L.

17. Novembre 1417. portant que, suivant ledit Statut fait en l'année 1339. revoqué & depuis renouvelé ; ceux qui jouïront des 21. jours de récréation après avoir résidé pendant 26. semaines, gagneront les mereaux des Heures, des Obits & du petit vin , & recevront les distributions qui se gagnent en résidant, fors le pain de Chapitre & les distributions manuelles qui ne se donnent qu'aux présens. Quarante-trois Conclusions capitulaires en un cahier des 2. May 1569. 5. Février & 14. Novembre 1572. 27. Mars & 14. Novembre 1573. 25. Juin 1574. 5. Février 1575. 11. May 1576. 14. Février & 18. Septembre 1610. 19. & 26. Septembre, 10. Octobre & 14. Novembre 1611. 17. Aoust 1612. 19. Juillet & 20. Septembre 1613. 8. & 10. Aouft, 9. Septembre & 12. Novembre 1616. 15. Avril & 1er. Juillet 1619. 23. Aouft, 4. 6. & 8. Octobre, 12. Novembre & 3. Decembre 1621. 13. Juillet 1622. 7. Juillet 18. Aouft, 20. Septembre, 13. Octobre & 16. Novembre 1623. 9. & 29. Septembre & 4. Octobre 1624. contenant divers réglemens sur les assistances à l'Eglise ; & pour gagner les mereaux, les distributions manuelles & le pain de Chapitre ; & le franc accordé à plusieurs. La Conclusion du 11. May 1576. portant en outre que les mereaux seront distribuez au Chœur, aux Chanoines & Grand Vicaires ; ainsi qu'il a esté fait & observé anciennement. Dix-sept Extraits des comptes des revenus des Curez, Chanoines & Bénéficiers de S. Jean le Rond des années 1458. 1459. 1460. 1494. 1495. 1496. 1497. 1498. 1526. 2527. 1528. 1531. 1532. 1534. 1537. 1539. 1547. & 1558. & neuf Conclusions capitulaires des 20. Decembre 1593. 8. Octobre 1612. 26. Juin 1613. 27. Juin 1614. 3. Juillet 1615. 7. Avril 1617. 6. Juillet 1618. 15. Juillet 1620. & 5 Juillet 1621. où il paroift que le Gros de la Prébende que lesdits de Saint Jean le Rond ont à partager entre eux, au nombre de huit, & à prendre sur les terres & fermes à eux assignées par les partitions ; lequel ne leur valoit à chacun que 4. livres 16. sols parisis en 1458. a augmenté succeffivement jusqu'à 400. livres pour tous en 1620. Trois Conclusions capitulaires, l'une du mois de Decembre 1356. & les deux autres du mois de Juillet 1391. où il paroift que le Gros de la Prébende d'un Chanoine n'a valu que 21. livres en 1356. & 30. livres en 1391. Cinq Conclusions capitulaires des 22. Janvier, 3. & 5. Février & 27. Juin 1618. & 16. Novembre 1619. & la nouvelle partition faite en conséquence le 3. Février 1620. pour 20. ans ; pour l'assignat & également des Gros fruits des Chanoines fixé à 400. livres, sur le pied des baux à ferme des terres affectées ausdits Gros. Deux Liasses, l'une de douze Conclusions capitulaires des mois de May 1346. 12. & 21. Octobre 1357. 27. & 31. Octobre 1390. 7. Mars & 18. Juin 1391. 12. Juillet 1er. & 5. Octobre 1392. 6. Octobre 1393. & 2. Juillet 1394. l'autre, d'onze parei les Conclusions des 23. Juillet & 17. Novembre 1399. 11. Février & 29. Aouft 1414. 23. Janvier & 9. Avril 1415. 9. 12. & 23. Aouft 1416. 26. Aouft 1428. & 31. Juillet 1432. où il paroift que les Chanoines étoient chargez des réparations des lieux sur lesquels leurs Gros étoient assignez,

& de contribuer aux frais des procès & autres néceſſitez & affaires de l'Egliſe. Cahier de pluſieurs autres Concluſions capitulaires ou eſt compriſe une partition du 17. Novembre 1479. portant que les Chanoines ne pourront faire les baux des Terres & Fermes ſur leſquelles leurs gros ſont aſſignez, & qu'ils ſeront tenus des réparations. Quarante Concluſions capitulaires des 14. May & 9. Aouſt 1610. 13. Avril 1611. 11. Janvier 14. & 13. Février 1612. 9. & 30. Aouſt 9. Septembre 14. & 30. Octobre 1613. 18. Février 19. Avril 12. Juillet 2. & 27. Aouſt & 14. Novembre 1614. 9. & 15. Janvier & 14. Février 1615. 30. Decembre 1616. 27. Janvier 7. Juin 7. 19. & 27. Juillet 18. & 30. Aouſt & 23. Octobre 1617. 21. Mars 1618. 10. Janvier 1621. 20. & 23. Decembre 1622. 11. & 27. Septembre & 16. Novembre 1623. & 28. Juin 1624. ou il paroiſt que les réparations des Terres & Fermes ſur leſquelles les gros des Chanoines eſtoient aſſignez, ont eſté faites aux dépens de l'Egliſe. Dix Concluſions capitulaires & un Bail, des 4. Février 1611. 20. Juin 1612. 20. Ianvier 1614. 22. Novembre 1619. 17. Mars & 20. Iuillet 1620. 8. Février & 5. Iuillet 1621. 12. Avril 1623. 21. Avril & 30. Octobre 1624. ou il paroiſt que les Terres d'Epone, Andreſy, Uiſſous, Orly, Viry, la Grand-paroiſſe, Sucy & les bois de Soiſy, ont eſté affermées à plus haut prix que les ſommes pour leſquelles elles ont eſté compriſes dans la nouvelle partition des gros. Quatre Concluſions Capitulaires, & un Bail, des 20. Février 3. May 9. Iuin 20. Iuillet & 7. Aouſt 1623. ou il paroiſt que la Terre de Mons & Ablon, ſur laquelle les deux gros du Doyen de 800. livres ont eſté aſſignez; a eſté affermée 1300. liv. Compte de l'office de la Chambre rendu par Maiſtre Gilles Mauvallet Receveur, pour l'année qui a commencé à la Touſſaint mil ſix cens ſeize & finy au dernier Octobre 1617. & Concluſion capitulaire du 30. Juillet; où il paroiſt que pour les gros des Prébendes des Egliſes de Saint Maur des Foſſez, Saint Martin des Champs, Saint Denys de la Chartre, Saint Marcel & Saint Germain de l'Auxerrois; il n'eſt payé que 8. livres pariſis au Vicaire de Saint Maur, 13. livres pariſis au Prieur de Saint Martin des Champs & 20. ſols pariſis à ſon Vicaire, 7. livres pariſis au Prieur de Saint Denys de la Chartre & une livre pariſis à ſon Vicaire, 8. livres pariſis à chacun des Chapitres de Saint Marcel & Saint Germain de l'Auxerrois; & à l'égard des Religieux de Saint Victor, ils jouïſſent d'un gros entier comme les Chanoines. Cinq Concluſions capitulaires des 3. Février 1596. 4. & 18. Février 1611. 17. Décembre & 21. Février 1617. où il paroiſt qu'outre le gros dont les Religieux de Saint Victor jouïſſent en entier comme les Chanoines; en cas de deceds ou de reſignation d'un Chanoine, ils jouïſſent encore du gros du Chanoine décédé ou réſignant pour la premiere année d'après le deceds ou la réſignation. Douze Concluſions capitulaires des Mercredy après l'Aſcenſion, Mercredy après la Saint Jean Baptiſte & Samedy après la Saint Jean 1357. 23. Septembre 1390. 22. Avril 20. Décembre 5. & 21. Février 1415. 27.

Avril & 4. May 1416 16. Mars 1423. & 31. Mars 1432. où il paroist
qu'il a esté pris par emprunt, des deniers appartenans à l'Office des
Anniversaires, pour fournir aux besoins des autres Offices à la charge de
la recongratulation & remplacement. Copie d'une Charte du Roy
Philippes de l'an 1190. confirmative de tous les biens & possessions de
l'Eglise, & entr'autres des Terres d'Epone, Larchant & Andresy, & cin-
quante-quatre Conclusions capitulaires des années 1356. 357. 1360. 1362.
1364. 1368. 1370. 1389. 1390. 1392. 1393. 1399. 1400. 1414. 1415. 1416. 1418. 1420.
1421. 1428. 1431 1432. 1486. & 1488. concernant donations faites tant en deniers que rentes & fonds d'heritages pour fondations d'Obits & Anniversaires ; où sont mentionnées les Terres d'Aubergenville, Corbereuse
Outrebois, Arcueil, Andresy, Rosay, Mons, & Ablon. Copie ou
Extrait du petit Martyrologe, faisant mention des biens sis en divers
lieux, & de diverses natures, affectez audit Office des Anniversaires.
Copie du compte dudit Office rendu par Maistre Gilles Mauvallet Receveur pour l'année qui a commencé à la Toussaint 1616. & finy au
dernier Octobre 1617. où lesdits biens & droits sont compris & énon-
cez, & où il paroist que les Grand-Vicaires ont pareilles distributions que les Chanoines audit Office. Copie ou Extrait de la closture
du Compte des Anniversaires pour l'année qui a commencé au jour de la
Toussaint 1624. & finy le dernier Octobre 1625. contenant aussi le finito
des comptes des autres Offices : où il paroist que la recepte totale exce-
de la dépense de 14305. livres. Plusieurs Conclusions capitulaires des
2. Aoust 1577. 12. Janvier 1594. 23. Décembre 1595. 17. Janvier 1596. 4.
Janvier & 3. Février 1610. 4. Janvier & 3. Février 1611. 9. Janvier 1612. 4.
7. & 28. Ianvier 1613. 4. & 18. Ianvier 1614. 5. & 26. Ianvier 1615. 4. &
18. Ianvier 1616. 4. & 16. Ianvier 1617. 4. & 22. Ianvier 1618. 4. & 23. Ianvier &
30. Décembre 1619. 4. & 27. Ianvier 1610. 4. & 20 Janvier. 1621. 4. & 24. Ianvier 1622. & 27. Ianvier 1623. concernant les distributions, gratifications &
frais de l'Obit du sel. Dix-neuf Conclusions capitulaires des 9. Mars
1363. 10. May 1364. 26. Ianvier 1368. 15. & 18. Novembre 1370. 26. Iuin
& 24. Décembre 1389. 23. Février 1399. 12. Novembre 1400. 30. May
& 23. Février 1401. 14. & 16. Octobre 1422. 17. Iuin & 6. Iuillet 1425.
dernier Iuillet & 23. Aoust 1426. & 6. Iuin 1430. concernant les Maisons claustrales, les rentes dont elles ont esté chargées, les heritages
qui dépendent desdites-maisons, l'obligation aux Chanoines d'en a-
cheter, & les réparations. Sept Conclusions capitulaires des 3. Décembre 1610. 26. Février 14. & 30. Mars 1613. 13. Avril 1616. 18. & 20.
Septembre, & 20. Octobre 1624. concernant la vente par licitation des
Maisons claustrales qui ont vaqué par la mort des Chanoines sans résignation, & la distribution des deniers procédans de la vente desdites
maisons. Vint-huit Conclusions capitulaires des 3. Décembre 1610.
2. Décembre 1613. 26. Aoust & 4. May 1615. 3. Février, 21. 23. Iuin &
9. Aoust 1617. 3. 16. 17. 19. & 23. Novembre, 17. & 19. Décembre 1618.
14. 18. 21. & 26. Ianvier 1619. concernant la distribution des deniers procédans.

cédans tant des petits vins & profits 'de fiefs lesquels se distribuent aux Chanoines qui assistent aux Chapitres généraux, que de ceux provenans de la vente des Maisons claustrales lesquels se distribuent aux Chanoines qui assistent aux Chapitres ordinaires, dans la quinzaine de la licitation & vente desdites maisons , & le Traité fait avec le sieur de Broussel Chanoine pour la recepte des censives & lods-&-ventes. Une Liasse de 21. Conclusions capitulaires des 5. 12. 16. 21. & 23. Février 6. Mars, 4. 18. & 30. May, 4. 5. 6. 8. & 15. Iuin 19 & 21. Novembre 1618. concernant l'habitation des laïcs dans les Maisons du Cloître. Vintdeux Conclusions capitulaires des 20. Avril 1422. 24. Janvier 1426. 25. Aoust 1441. 29. Ianvier 1444. 25. Iuin 1468. 19. May 1469. 3. Avril 17. May & 14. Iuin 1613. 12. May 1614. 23. Décembre 1616. 2. 11. & 18. Aoust 1617. 17. Septembre 1618. 24. May & 26. Iuin 1619. & 2. Septembre 1624. où il paroist que les grands ou perpetuels Vicaires ont possédé des Maisons claustrales en la forme & manière que les Chanoines les ont tenues & possédées. Les Conclusions desdits jours 23. Décembre 1616. 2. & 11. Aoust 1617. portant en outre, que c'est de grace spéciale que le Chapitre a approuvé les cession & rétrocession y mentionnées en faveur de Maistre Iacques Dyeu & Maistre Noël Tharon. Deux Conclusions capitulaires des 7. & 9. Ianvier 1619. où il paroist que le bail fait par le sieur Prevost Chanoine, comme usufruitier de la Terre de Dammart, moyennant 300. livres par an, ayant esté approuvé au Chapitre ; l'Archidiacre de Josas s'y est opposé : ledit sieur Prevost n'ayant à viage ladite Terre que sur le pied de 60. liv. Trois Conclusions capitulaires des 18. May & 12. Décembre 1571. & 5. Septembre 1579. & un cahier de plusieurs autres Conclusions capitulaires des années 1554. 1593. & 1595. contenant les réparations faites en ladite Terre de Dammart en 1571. & 1595. & qu'elle a esté affermée 320. liv. en 1554. 100. écus & 20. s. en 1579. 60. écus en 1593. & 70. écus en 1595. Conclusion capitulaire du 20. Aoust 1625. contenant l'offre faite par ledit sieur Prevost de remettre entre les mains du Chapitre ladite Terre de Dammart qu'il avoit à sa vie naturelle, en luy remboursant tous ses frais & impenses, & aux protestations de répéter contre le Chapitre les dépens du procès contre luy intenté par les Grand. Vicaires, pour raison de ladite Terre de Dammart. Procès verbal d'Experts du 22. Avril 1626. contenant la visite des reparations de ladite Terre estimées à 3100. liv. en presence du sieur Prevost Maistre des Requestes, Exécuteur Testamentaire dudit sieur Prevost Chanoine décédé, qui avoit possédé ladite Terre de Dammart depuis le 25. Juin 1597. Deux Conclusions capitulaires des 23. Janvier & 28. Mars 1615. où il paroist que la ferme d'Yvry a esté baillée au Sr Pidoux à sa vie canoniale. Arrest du Parlement du 2. Octobre 1587. donné entre Me Antoine Landelle, Jean Audouïn & Eutrope Rollin Chanoines-prébendez, en l'Eglise de S. Tugal de Laval, Demandeurs en exécution d'autre Arrest de ladite Cour du 2. Juillet 1584. Maistres Macé Durand Doyen, Maistre Pierre Tarteron, & autres anciens Chanoines-pré-

M.

bendez en ladite Eglife, Défendeurs : où il paroiſt que par le premier Arreſt ayant eſté ordonné que leſdites Parties demeureroient égales en leurs Prébendes ; par le ſecond, les baux à vie canoniale dont
eſtoit queſtion, ont eſté caſſez ; & ordonné que les lieux , maiſons,
domaines, heritages, fiefs, terres, fermes, & prémices, y mention-
nez, ſeront remis à la menſe commune, pour eſtre leſdits lieux doreſnavant, & de nouveau, licitez & baillez capitulairement au plus offrant & dernier enchériſſeur au profit dudit Chapitre, pour le temps
& eſpace de ſix ans ſeulement ; en quoy feſant, les plus anciens Chanoines ſeront préférez en égalité de prix, ferme ou loyer. Acte du Chapitre de Paris du 13. Aouſt 1625. portant, qu'on prendra le fait & cauſe
pour les ſieurs Doyen & Chantre, & le ſieur Prevoſt contre les Grand-
Vicaires. Deux autres Actes capitulaires du 9. Aouſt 1610. contenant l'oppoſition des ſieurs Hubert & Garnier Chanoines, à toutes les
affaires qui ſe traiteront au Chapitre après que l'Enfant de Chœur a
annoncé que la Meſſe eſt commencée ; avec proteſtation d'appeler
comme d'abus. Autre Acte Capitulaire du 17. Octobre 1612. portant,
que Maiſtre Iacques de Borne Grand-Diſtributeur apportera toutes
les ſemaines les Tables du pain de Chapitre pour en eſtre ordonné.
Quinze Concluſions capitulaires des 2. Mars, 16. Avril, 9. 16. & 28.
Iuillet, 4. & 11. Octobre, 8. & 24. Novembre 1621. 31. Ianvier, 3. & 4.
Février, 5. & 12. Septembre 1622. & 21. Mars 1623. concernant les ſolli-
citations & frais de l'Inſtance contre Tharon & les grands ou perpétuels Vicaires. Deux autres Concluſions capitulaires des 9. & 15. Février 1624. concernant les accords projetez avec ledit Tharon & les
grands ou perpétuels Vicaires. Deux autres Concluſions capitulaires
des dernier May & 7. Iuin 1624. contenant la réception & inſtallation
dudit Tharon en une des deux Chanoinies-ſémiprébendes de Saint
Agnan, ſur la réſignation de Maiſtre Abraham Blondel. Interroga-
toire de Simon Loriot , du 9. Décembre 1623. avec quatre autres
Actes des 17. & 28. Iuin & 25. Novembre 1625. concernant ledit Loriot ſerviteur de Maiſtre Michel Mathis Réſignant dudit Tharon.
Concluſion capitulaire du 14. Octobre 1624. où il paroiſt qu'il a eſté
dépenſé 879. liv. à la pourſuite d'un procès contre les complices de l'é-
vaſion de deux Enfans de Chœur. Arreſt du Parlement du 24. Avril 1627.
donné entre les Religieux de S. Victor Chanoines de S. Cloud, Demandeurs en exécution d'autre Arreſt ; & les Doyen, Chanoines & Chapitre
de S. Cloud, Défendeurs ; portant, que Frére Nicolas Gaudion Vicaire de
Saint Victor en ladite Eglife de Saint Cloud, aura le choix & option
d'un logement ainſi que les autres Chanoines à ſon rang & ordre de
reception, participera aux offrandes des Meſſes du Chœur de la Par-
roiſſe & des Proceſſions qui ſe font audit Saint Cloud ; aux Oblations
du Tronc du Chœur, de la Châſſe, vraye Croix, & autres Reli-
ques ; aux cent ſols pour l'ouverture de la terre, lods & ventes,
menues dimes, pots de vin, droits d'amortiſſement, confiſcations, &
à tous autres droits, comme l'un des autres Chanoines ; qu'il ſera fait

une table des Services & Casuels qui surviennent audit Chœur, à ce que ledit Vicaire puisse faire le Service à son rang, & jouir des émolumens ainsi que les autres Chanoines, fors & excepté lors que les Dignitez seront particulierement invitées ; que ledit Vicaire aura aussi communication des Titres & papiers concernans leurs biens , chambre & communauté, & sera appellé à la confection des baux & reddition des comptes, pour y déduire son intérest ; & aura entrée au Chapitre général de la Saint Iean, sans qu'il y puisse prétendre séance & voix délibérative. Exploit & traité en forme de bail des huitieme jour d'Aoust 1626. & dix huit Février 1627. où il paroist que lesdits Religieux de Saint Victor s'étant plaints de ce que le gros de la Prébende qu'ils ont en l'Eglise de Paris leur valloit moins que ceux des Chanoines selon l'assignat qui leur avoit esté donné ; il a esté augmenté de 400. livres à 550. livres. Copies de douze Tables des 12. mois de l'année de l'Eglise de Paris qui a commencé en Novembre 1624. & finy en Octobre 1625. contenant toutes les distributions de l'Eglise tant manuelles que de mereaux ; ou il paroist que les grands ou perpétuels Vicaires, qui ont part égale à celle des Chanoines à toutes les distributions des fondations d'Obits & Anniversaires, même aux solemnels & aux distributions manuelles, Processions , Stations , Oo, & Saluts ; n'ont rien aux distributions de la Messe ordinaire & autres Heures du jour, ny aux deux muids de Sel qui se distribuent à l'Obit du Roy Louis XII. célébré le 4. Janvier de ladite année 1625. Deux Arrests du Parlement des 26. Juin & 14. Juillet 1421. préparatoires de celuy du 23. Mars audit an , concernant la Vicairie de Saint Marcel ; ou il paroist que le Chapitre de Paris a prétendu que les pourvus de ladite Vicairie & autres semblables doivent résidence continuelle *Horis diurnis & nocturnis* , & que lesdites Vicairies ne doivent estre données qu'à gens nourris en l'Eglise & bien instruits au Service Divin. Autre Arrest de ladite Cour du 14. Avril 1592. donné en faveur des Doyen, Chanoines & Chapitre de l'Eglise de Paris , contre Maistre Jean Morot Vicaire de Saint Victor en ladite Eglise de Paris ; portant condamnation contre ledit Morot, de comparoir au Chapitre, & là supplier lesdits Doyen & Chanoines, d'oublier les paroles injurieuses contenues en une Requeste dudit Morot & les luy pardonner ; avec injonction à ceux qui l'avoient commis en la sollicitation des droits & affaires de leur Communauté, d'y commettre autre personne, lequel en toute modestie & avec le respect du à ses Superieurs, feroit poursuite desdits droits ainsi qu'il trouveroit estre à faire par Conseil. Procès verbal du sieur d'Amours Conseiller en ladite Cour du 23. Avril 1592. contenant l'exécution dudit Arrest. Dix Extraits des Synodes du Chapitre de Paris des 14. Mars 1429. 9. Mars 1511. 20. Mars 1601. 17. Mars 1620. 26. Février 1630. 6. Mars 1640. 24. Février 1660. 4. Mars 1670. 19. Mars 1680. & 20. Mars 1685. ou il paroist que les Vicaires de S. Maur des Fossez , Saint Martin des Champs , Saint Denys de la Char-

tre, Saint Victor, Saint Marcel & Saint Germain de l'Auxerrois font
appelez & répondent en qualité de Vicaires defdites Eglifes fimplement. Conclufion capitulaire du 12. Novembre 1370. par laquelle, fur
ce qui a efté expofé que quelques Vicaires fans le congé & licence
du Chapitre s'abfentoient, notamment, Maiftre Helie Sefcaly, fes diftributions ont efté arreftées. Autre Conclufion capitulaire du 5. May
1563. par laquelle, en renouvelant les anciens Statuts dont l'exécution
avoit efté négligée, il a efté arrefté qu'à l'avenir aucuns ne feroient
admis à poffeder lefdites Vicairies, ny les Bénéfices de Saint Agnan,
Saint Iean le Rond & Saint Denys du Pas, qu'ils n'euffent efté élevez
ou fuffifamment inftruits dans le chant, & trouvez capables; & qu'ils
ne fûffent les Tons. Arreft du Confeil d'Eftat du Roy du 14. Novembre 1676. donné, Sa Majefté y eftant, en forme de Reglement,
pour l'Eglife Saint Germain de l'Auxerrois; portant entr'autres chofes, que les Chapelles de ladite Eglife ne pourront cy-après être réfignées; & que, vacation arrivant d'icelles, elles feront conférées par
le Chapitre aux Vicaires Choriftes de ladite Eglife. Autre Arreft du
Confeil d'Eftat du Roy du 9. Mars 1683. auffi donné, Sa Majefté y
eftant, en forme de Réglement, pour l'Eglife de la Sainte Chapelle du
Palais à Paris; portant entr'autres chofes, que le fieur Tréforier ne
pourra conferer les Chapelles dont la Collation luy appartient, qu'aux
Chapelains, Clercs & Marguilliers des Tréforier & Chanoines,
Enfans de Chœur, Maiftres de Mufique & de Grammaire, & Avocat de ladite Sainte Chapelle; conformément aux Chartes de Charles IX. de 1571. & Louis XIII. de 1624. Tranfaction du premier A-
vril 1679. approuvée par le Chapitre de Paris le premier Février, par
laquelle le Vicaire amovible, que les Chevecier, Chanoines & Communauté de Saint Merry avoient en l'Eglife de Saint Germain de l'Auxerrois, a efté transferé en ladite Eglife de Saint Merry, moyennant
156. liv. par an. Imprimez de deux Requeftes préfentées au Chapitre,
l'une par Maiftre Iacques de Borne Vicaire de Saint Victor que
le Chapitre dit eftre de l'année 1663. au fujet de la Chanoinie-fémiprébende de Saint Agnan vacante par le décès de Maiftre Pierre Veil-
lot, l'autre des fix grands ou perpétuels Vicaire que le Chapitre dit
eftre de l'année 1680. à l'occafion de la Chanoinie-fémiprébende de S.
Agnan vacante par le décès de Maiftre René Davouft contenant
ces Services & Offices aufquels lefdits Vicaires fe font reconnus fujets
ainfi que les autres Bénéficiers de l'Eglife prétendans droit aufdites
Chanoinies-fémiprébendes de Saint Agnan. Sentence arbitrale, du
Ieudy après la Circoncifion 1256. donnée par Emery Chancelier,
Iean de Blois Prevoft de Saint Omer, & Eudes de Saint Denys; fur
le differend mu entre les Chanoines de l'Eglife de Paris au fujet d'un
Statut fait pour la Collation des Bénéfices de la dépendance du Chapitre; ladite Sentence portant que lefdits Bénéfices feront à l'avenir
conferez *in Turno* en la maniere y portée. Statut du Vendredy veille

le de Saint Thomas 1336. contenant nouveau Réglement pour conferer lefdits Bénefices *in Turno*. Lettre du Cardinal de Pife du 8. des Ides de Decembre l'an V. du Pontificat du Pape Iean XXIII. duquel il eftoit Légat *à Latere* dans les Provinces de Reims, Sens & Rouen portant permiffion aux Doyen, Chanoines & Chapitre de Paris, d'interpréter changer & moderer tous leurs Statuts ou aucuns d'iceux ; & d'y ajoufter ou diminuer quand ils le trouveront à propos & expedient, même avec rélachement & modification des fermens, des peines & des autres Sentences y contenues ; & d'en abfoudre les coupables. Conclufion capitulaire du 28. Avril 1632. portant, qu'encore que jufqu'alors les Vicaires-perpétuels n'ayent eu aucunes diftributions pour la Meffe, & pour les autres Heures du jour, nonobftant que par la fondation de leurs Bénéfices & leur ferment ils foient tenus d'y affifter : neantmoins le Chapitre voulant les traiter favorablement ; afin qu'ils y affiftent plus fréquemment, & qu'ainfi l'Office Divin foit célébré avec plus de décence, & par un plus grand nombre d'affiftans ; ils auront, de grace fpéciale, fans conféquence, à l'avenir ; par maniere de diftribution extrordinaire qui durera autant qu'il plaira aufdits du Chapitre, lors qu'ils affifteront aux heures du jour en chantant & pfalmodiant, 4. fols ; favoir, à la Meffe, pour les Heures du matin 2. fols, & à Vêpres & Complies 2. fols. Acte paffé devant Notaires le 8. May 1632. contenant la reconnoiffance des Grand Vicaires, que cette diftribution nouvelle & extrordinaire ne leur a efté accordée que de grace par le Chapitre, pour durer autant qu'il luy plaira fans conféquence ny obligation pour l'avenir, le pouvoir & la liberté luy demeurant toûjours de reftreindre, rétrancher, même ofter tout a-fait ladite diftribution, en cas que lefdits Vicaires manquaffent à leur devoir, ou s'il arrivoit que le fonds de l'Eglife diminuaft ou ne l'a puft porter, eftant employée en réparations ou autres chofes néceffaires pour ladite Eglife. Statut du 21. Janvier 1427. par lequel pour remettre la diftribution du pain de Chapitre fur le pied ancien, chaque pain pezant 32. onces cuit ; il a efté arrefté entr'autres chofes, que chaque Chanoine de l'Eglife de Paris aura deux pains, & les Chanoines de Saint Agnan & les Grand-Vicaires chacun un pain. Compte de la diftribution dudit pain de Chapitre, pour l'année qui a commencé au premier Février 1427. & finy à pareil jour 1428. ou il paroît que ladite diftribution s'eft faite en la maniere portée par ledit Statut, le Doyen & le Chantre ayant le double des Chanoines ; & qu'aux receptions, les Chanoines payent à ladite Recepte du pain de Chapitre 12. liv. parifis, & les Grand-Vicaires 6. liv. parifis feulement. Statut du 28. Aouft 1565. par lequel attendu la difette de froment ; il a efté arrefté que chaque Chanoine aura feulement deux pains au lieu de quatre jufqu'à la Saint Martin, & les Grand-Vicaires & autres Bénéficiers, chacun un pain par jour. Trois Tables de la diftribution du pain de Chapitre des 3. Juillet 1574. 27. Avril 1575. &

N

6. Juillet 1582. où il paroift que chaque Chanoine eft intabulé pour deux pains, & deux Grand-Vicaires pour deux pains, qui eft un pain pour chacun; & fix pains pour tous. Statut du onze Decembre mil cinq cens quatre-vints onze, par lequel attendu l'extreme néceffité de l'Eglife lors privée de toutes fes commoditez & revenus, & réduite à la derniere difecte, chacun depuis le plus grand jufqu'au plus petit ayant depuis plus de trois mois manqué de pain & d'argent, étant impoffible de réfifter d'avantage, fans apporter quelque fecours & pourvoir à la nourriture de ceux qui affiftent au Service divin; il a efté arrefté qu'on diftribueroit chaque jour à chacun des Chanoines un pain de chapitre, & aux Grand-Vicaires & autres Bénéficiers un demy pain avec 3. f. en affiftant par eux au Service divin conformément aux Conclufions pour ce faites; & que celuy qui n'affiftera pas audit Service, ou du moins aux deux principales Heures, favoir la Grand-meffe & Vêpres, fera privé du pain qu'on luy retiendra le lendemain, afin de les obliger tous, d'affifter au Service divin avec une plus grande diligence. Lettres du Roy Louis XII. du mois d'Aouft 1498. contenant la conceffion de deux muids de Sel, aux Doyen, Chapitre & Chanoines de l'Eglife de Paris, pour la fondation de fon Obit. Autres Lettres du même Roy du 22. Mars 1510. contenant la revocation de celles du mois de Decembre 1508. qui avoient déclaré les Grand Vicaires compris en ladite fondation. Sentence des Requêtes du Palais du 5. Février 1511. qui maintient lefdits Doyen, Chanoines & Chapitre de l'Eglife de Paris, en la poffeffion de diftribuer entre eux feuls lefdits deux muids de Sel, fans en faire aucune part aufdits Grand-Vicaires. Huit Tables des diftributions des profits de Fiefs des années 1607. 1620. 1626. 1635. 1641. 1648. 1663. & 1667. & fept autres Tables des diftributions des petits-vins ou pots de vin des années 1620. 1634. 1640, 1650. 1660. 1666. & 1667. où il paroift que lefdits grands ou perpétuels Vicaires ne font pas compris, & que les Dignitez non Chanoines titulaires ni les Chanoines *in Minoribus* qui n'ont entrée ni voix déliberative au Chapitre, n'ont point de part aufdites diftributions; mais feulement les dignitez & Chanoines capitulans. Cinq partitions des Gros des Chanoines des premier Février 1268. 9. Juillet 1459. 17 Novembre 1479. 16. Juin & 28. Aouft 1520. & 24. May 1540. où il paroift entre autres chofes, que les Terres d'Efpone, Anorefy, Larchant, Iteville, Sucy, Creteil, Verrou, Mitry, Mory, Corbereufe, Chaftenay, Orly, Chevilly, Rofay & Viry; étoient affectées aufdits Gros dez ladite année 1268. Charte du Roy Charles IV. dit le fimple du 15. des Kalandes de Juillet indiction 14. de l'an 911. par laquelle à la prière de Theodulfe Évêque de Paris; il a accordé aux Chanoines de ladite Eglife, l'immunité de leur Cloiftre, pour le pouvoir poffeder à perpétuité, fans trouble de la part d'aucun Evêque, ni d'aucunes perfonnes féculiéres, comme il s'étoit pratiqué de tout temps; & jouïr paifiblement de leurs maifons baties & à batir audit Cloiftre; avec toute li-

berté & puiſſance de les donner ou de les vendre tour à tour à tels de
leurs Confreres qu'ils voudront, pour leur propre néceſſité ou pour
leurs intèreſts particuliers. Autre Charte du Roy Lotaire & Louis
V. ſon fils de l'an 984. par laquelle à la priére d'Eliſiard Evêque de
Paris, il a confirmé aux Chanoines de ladite Egliſe l'immunité dudit
Cloiſtre, avec faculté à chaque Chanoine de pouvoir donner ou vendre ſa maiſon & ce qui en dépent, à tel autre Chanoine de la même
Egliſe qu'il voudra, & non à autre, comme il s'eſt anciennement pratiqué. Bulle du Pape Benoiſt VII. du 3. des Kalendes de Janvier 984.
par laquelle à la priere du même Evêque il a confirmé ledit Cloiſtre
aux Chanoines de ladite Egliſe, auſſi avec faculté à chaque Chanoine
de pouvoir donner ou vendre ſa maiſon & ce qui en dépent, à tel autre Chanoine de la même Egliſe qu'il voudra, & non à autre, comme
il s'eſt anciennement pratiqué. Dix Tables de la diſtribution des deniers provenus de la vente des Maiſons clauſtrales ; dont ſept, des 18.
Février & 20. Novembre 1482. 18. Février 1483. 11. Avril 1486. 5. Septembre 1505. 25. Juin 1511. 20. Avril 1518. & les trois autres des années
1528, 1661. & 1671. où il paroiſt que les grands ou perpétuels Vicaires
ne ſont point compris, & que les Dignitez non Chanoines titulaires,
ni les Chanoines *in Minoribus*, n'ont point de part auſdites diſtributions, non plus qu'à celles des profits de fiefs & petits vins ; mais ſeulement les Dignitez & Chanoines capitulans. Concluſion capitulaire
du Mécredy après la Saint Remy 1364. portant permiſſion à Maiſtre
Renaud de Noyon de louer ſa maiſon canoniale, pourvu que ce ne
fuſt point à un Prélat, à un homme marié ni a un Chanoine ; mais bien
à un autre Clerc honneſte, vivant clericalement. Autre Concluſion
capitulaire du 13. Decembre 1617. portant que tous les Bénéficiers de
l'Egliſe poſſedans des Maiſons clauſtrales, ſeront tenus dans le premier
Janvier prochain de faire ſortir de leurs maiſons les étrangers qui y
étoient logez, ſuivant la teneur des Statuts de l'Egliſe ſouvent renou-
velez touchant les étrangers qui ne devoient point être logez dans
le Cloiſtre. Autre concluſion Capitulaire du 4. Janvier 1618. où il
paroiſt qu'en conſéquence des précédentes Concluſions qui avoient or.
donné qu'on rechercheroit diligemment les Statuts de l'Egliſe touchant les étrangers qui ne devoient point loger dans le Cloiſtre, leſdits
Statuts ayant eſté apportez dans l'aſſemblée générale tenue à ce
ſujet ledit jour après l'Obit du Sel, en laquelle l'Archidiacre de Joſas
Chambrier a conclu à ce que tous les étrangers qui étoient logez dans
le Cloiſtre fuſſent tenus d'en ſortir, & en fuſſent chaſſez ; après en avoir
eſté déliberé ; & attendu la quantité & diverſité des Concluſions des
Chapitres généraux, & des deux Arreſts lus par ledit Archidiacre,
qui ne pouvoient être vus & examinez dans ladite aſſemblée à cauſe
de la brieveté du temps, que même l'ancien Statut de l'exécution duquel il s'agiſſoit ne ſe trouvoir point, il a eſté ordonné que s'il y avoit
quelques Statuts on verroit & examineroit plus murement leſdites

Conclufions & Arrefts dans un autre Chapitre général. Extraits de plufieurs comptes de l'Office de la Chambre de ladite Eglife de Paris des années 1453. 1454. 1548. 1549. 1599. 1600. 1609. 1620. 1624. & 1629. où il paroift que pour le Gros des Prébendes que les Eglifes de Saint Maur des Foffez, de Saint Martin des Champs, de Saint Denys de la Chartre, de Saint Marcel & de Saint Germain de l'Auxerrois ont en l'Eglife de Paris ; il a efté payé au Vicaire de Saint Maur 8. livres parifis , aux Religieux de Saint Martin des Champs 13. livres parifis & 20. fols parifis au Vicaire de ladite Eglife , au Prieur de Saint Denys de la Chartre 7. livres parifis, & 20. fols parifis au Vicaire de ladite Eglife , & à chacun des Chapitres de Saint Marcel & de Saint Germain de l'Auxerrois 8. livres parifis. Deux Conclufions capitulaires des 30. Octobre & 8. Novembre 1434. la premiere, portant que chaque Chanoine qui a gagné fes diftributions de pain de Chapitre, aura 3. feptiers de bled fur le gain defdites diftributions : la feconde, portant que les trois Grand-Vicaires réfidans auront pareille diftribution. Autre Conclufion capitulaire du 19. Octobre 1435. portant que chaque Chanoine & chaque Grand Vicaire, aura pour le vin du Chapitre 8. livres, pour le grain du Chapitre 6. livres, & chacun d'eux, 3. feptiers de bled, 1. feptier d'avoine, 1. boiffeau de féves, & un minot d'orge. Autre Conclufion capitulaire du 16. Novembre 1436. où il paroift que deux Grand-Vicaires ayant demandé d'avoir quelque chofe de leur Bénéfice pour ladite année, il leur a efté répondu qu'il leur feroit fait comme aux Chanoines. Extrait tiré de la Chambre des Comptes du mois de Janvier 1367. concernant la fondation de l'Obit du Roy Charles V. fefant mention des Terres d'Aubergenville, & Outrebois appartenantes à l'Eglife de Paris. Lettres Patentes du Roy Henry IV. du mois de Septembre 1591. enregiftrées en la Chambre des Comptes le 25. Octobre audit an ; contenant la conceffion de deux muids de Sel à l'Eglife de Tours pour la fondation de fon Obit. Table du 24. Mars 1656. contenant la diftribution qui fe fait annuellement defdits deux muids de Sel ; où il paroift que tous les Bénéficiers & Officiers de ladite Eglife de Tours ont part à ladite diftribution. Collation de la grande ou perpétuelle Vicairie de Saint Martin des Champs en l'Eglife de Paris, du premier Octobre 1537. en faveur de Maiftre Jean Beauchefne , fur la préfentation du Prieur. Deux Etats des 6. & 10. Septembre 1687. le premier contenant la dépenfe faite pour les Obits de l'Eglife de Paris, depuis le premier Novembre 1685. jufqu'au dernier Juillet 1686. où font employez deux articles ; l'un de 936. livres 12. fols tant pour le prix du Marchand des deux muids de Sel de la fondation de l'Obit du Roy Louis XII. célébré au mois de Janvier 1686. que pour l'achat de huit minots de Sel, qui fe diftribuent aux Chanoines au pardeffus defdits deux muids ; l'autre de 24. livres qui fe diftribuent aux Grand-Vicaires, Bénéficiers, Clercs de Matines & Officiers qui ont affifté aux Vigiles & à la Meffe dudit Obit : le fecond contenant

la

la diftribution defdits deux muids & huit minots de Sel, dont deux minots font donnez à quelques Officiers & au Diftributeur. Arreft du Parlement du 20. Avril 1655. donné entre Maiftre Ythier Chaftellain, Chanoine de l'Eglife de Paris; les Doyen, Chanoines & Chapitre de ladite Eglife;& lefdits Grand-Vicaires : par lequel par provifion, défenfes font faites aufdits Chanoines de retenir en leurs maifons aucunes perfonnes laïques, autres que leurs peres, meres, freres & fœurs ; avec injonction à tous ceux n'étant de cette qualité, de vider les lieux dans le jour de S. Remy. Conclufion capitulaire du 3. Decembre 1659. portant;après que les Statuts de l'Eglife touchant les maifons du Cloitre, ont efté vus & examinez ; qu'ils feront inviolablement obfervez à l'avenir : & en conféquence les Chanoines & autres poffédans des Maifons clauftrales tenus; d'en faire fortir les perfonnes étrangéres dans le jour de S. Jean-Baptifte. Arreft du Parlement du 4. May 1661. obtenu par le Chapitre de Paris, fur fa Requête; portant que celuy du 20. Avril 1655. & le Statut du 3. Decembre 1659. feront exécutez ; à ce faire, les Chanoines qui étoient en demeure d'y fatisfaire, contraints par faifie de leur Gros. Une Table du mois de Novembre 1618. & fix autres Tables des mois de Septembre, Octobre & Novembre 1687. contenant le Service qui fe fait en l'Eglife de Paris; où font employées les Eglifes de Saint Magloire, de Saint Germain de l'Auxerrois, de Saint Victor, de Saint Martin des Champs, de Saint Eloy & de Saint Magloire ; comme tenues du Service, chacune en fon tour de femaine en ladite Eglife de Paris. Conclufion capitulaire du 30. Juillet 1610. portant que Maiftre Jacques Fournier fera reçu & inftallé en la grand-Vicairie de Saint Germain de l'Auxerrois. Acte du 13. Mars 1685. contenant la proteftation defdits Grand-Vicaires, contre les entreprifes de Maiftre Denis Gourand, & autres Bénéficiers Prêtres de ladite Eglife de Paris. Trois Statuts ou Conclufions capitulaires des 6. Juin 1618. 23. Juillet 1632. & dernier Mars 1654. portant permiffion aux Chanoines de loger avec eux, leurs pere, mere, freres & fœurs, oncles & tantes, néveux & nieces; dans leurs Maifons clauftrales. Tranfport de bail du 11. Février 1685. par le fieur Turpin Chanoine, à Maiftre Charles le Mercier grand ou perpétuel Vicaire de Saint Victor ; de l'appartement par luy occupé en la maifon du Chapitre, fife au Cloiftre de ladite Eglife de Paris; à la charge de l'agrément du Chapitre. Conclufion capitulaire du 12. dudit mois de Février 1685. contenant approbation dudit tranfport de bail, à la charge que ledit le Mercier ne pourra rien fouflouer dudit appartement, qu'à des Bénéficiers de l'Eglife, & du confentement du Chapitre. Exploit du 30. Mars 1688. contenant affignation donnée audit le Mercier, à la Requête du fieur de la Barliere devant le Bailly de la Barre du Chapitre ; pour être condamné à vider les lieux dudit appartement, concedé audit de la Barliere par la Conclufion capitulaire du 16. defdits mois & an. Prefentation du 29. Septembre 1537. à la grande ou perpétuelle Vicairie de Saint Martin

O.

des Champs. Acte capitulaire du 23. Mars 1563. portant Reception de Maiftre Eftienne du Bois en la Grand-Vicairie de Saint Marcel, fur une provifion de Cour de Rome. Autre Acte capitulaire du 23. Aouft 1563. portant Reception de Maiftre Nicolas Touzart en la Grand-Vicairie de Saint Maur, fur la préfentation du Vicaire général du fieur Evêque de Paris, pour caufe de permutation. Autre Acte capitulaire du 27. Novembre 1563. portant Reception de Maître François le Court en la grande ou perpétuelle Vicairie de Saint Marcel fur la Préfentation du Chapitre. Autre Acte capitulaire du 23. Octobre 1566. portant Collation de la Grand-Vicairie de Saint Denys de la Chartre, en faveur de Maiftre Michel Morand, fur la Préfentation du Prieur. Autre Acte capitulaire du 27. Juin 1567. portant Collation de la grande ou perpétuelle Vicairie de Saint Denys de la Chartre, en faveur de Maiftre Germain Ganeron, fur réfignation dudit Morand pour caufe de permutation. Autre Acte capitulaire du 22. Octobre 1590. portant Collation de la grande ou perpétuelle Vicairie de Saint Martin, en faveur de Maiftre Raymond de la Caffagne, fur la Préfentation du Prieur. Autre Acte capitulaire du 9. Aouft 1617. portant Collation de la grande ou perpétuelle Vicairie de Saint Marcel, en faveur de Maiftre Noël Tharon, fur la Préfentation du Chapitre. Autre Acte capitulaire du 4. Novembre 1617. portant Collation de la grande ou perpetuelle Vicairie de S. Victor, en faveur de Maiftre Jean Baudouin. Autre Acte capitulaire du 27. Juillet 1619. portant Collation de la grande ou perpétuelle Vicairie de Saint Denys de la Chartre, en faveur de Maiftre Pierre Heudebert, fur une Provifion de Cour de Rome. Autre Acte capitulaire du 23. Mars 1634. portant Reception de Maiftre Paul Chevalier, en la grande ou perpétuelle Vicairie de Saint Maur. Autre Acte capitulaire du quatriéme jour du mois d'Avril 1634. portant Reception de Maiftre Charles Boulanger, en la grande ou perpétuelle Vicairie de Saint Victor. Conclufion capitulaire du 20. Mars 1590. contenant gratification de deux écus d'or à Maiftre Nicolas Touzard Grand-Vicaire, pour avoir eu le foin de faire pezer le pain. Quatre autres Conclufions capitulaires des 10. Février 1587. 25. Juin 1590. 23. Juin 1606. & 23. Juin 1610. contenant citation & monition des Grand Vicaires Bénéficiers, Clercs de Matines, & Officiers de l'Eglife, fur leurs devoirs & fonctions. Autre Conclufion capitulaire du 22. Juin 1633. contenant pareille citation contre les grands ou perpétuels Vicaires. Acte capitulaire du 29. Octobre 1414. contenant l'emprifonnement de Maiftre Jacques d'Eftrée Grand-Vicaire. Autre Acte capitulaire du 31. Janvier 1610. contenant citation pour correction contre Maiftre Antoine Bretefche grand ou perpetuel Vicaire. Autre Acte capitulaire du 5. Mars 1610. où le Bénéfice dudit Bretefche eft appellé *Vicaria perpetua feu magna Sancti Mauri nuncupata.* Autre Acte Capitulaire du 27. Avril 1610. qui commet des Chanoines pour entendre &

regler les prétentions des Grand-Vicaires. Six autres Actes capitulaires des 2. 16. & 25. Ianvier, 4. & 25. Février, & 4. Mars 1623. les trois premiers concernant la contestation jugée entre les Grand-Vicaires & les Bénéficiers de l'Eglise de Paris par la Sentence des Requestes du Palais du 24. Ianvier 1623. & les trois autres contenant l'un, citation des Grand-Vicaires; l'autre, reception de Maistre Nicolas Pelletier Grand Vicaire, au Canonicat de Maistre Iean d'Estampes, comme fondé de sa procuration; & l'autre, permission audit Grand-Vicaire, de manger de la viande pendant le Caresme, à cause de sa maladie. Autre Acte capitulaire du 24. May 1424. portant dispense de résidence pendant un an, en faveur de Maistre Iean le Clerc Grand-Vicaire de Saint Germain de l'Auxerrois en ladite Eglise de Paris. Extrait de trois comptes de l'Office de la Chambre, rendus par Maistre Iean de Marconnelle Grand-Vicaire & Chambrier-Clerc de l'Eglise de Paris, pour trois années qui ont commencé à la Saint Barthelemy 1453. & finy à pareil jour 1456. Deux autres Actes capitulaires des 21. Octobre 1566. & 22. May 1634. concernant l'Inhumation de Maistre Pierre Raoul, & Maistre Abraham Blondel, Grand-Vicaires en l'Eglise de Paris. Deux Actes capitulaires des 13. Septembre & 4. Ianvier 1420. où il paroist que Maistre Iean le Clerc Vicaire de Saint Germain, a payé pour sa reception, comme un Penitencier non Chanoine Titulaire, mais seulement créé Chanoine *ad effectum*; avoit payé pour la sienne. Autre Acte capitulaire du 4. Février 1432. contenant ces termes: *Tabula provisionis Dominorum & Vicariorum hic tradita est per Dominum Ægidium* Guérard, *distributorem merellorum pro dicta distributione factorum.* Autre Acte capitulaire du 2. Juillet 1433. Temps de la guerre des Anglois; contenant ces mots: *De denariis Domini de Castrovillano provenientibus capiantur per modum mutui, pro solutione provisionis Dominorum Canonicorum & quinque Magnorum Vicariorum pro mense Iunio, nuper finito 80. lib. 10. s. paris. pro provisione sociorum Ecclesiæ, & pro eodem mense 26. lib. 11.s. 6. d. paris. & pro Macicotis qui faciunt servitium in Ecclesia pro Dominis Canonicis, Diaconis & Subdiaconis pro anno finito ad Festum Ascensionis Domini 1432. 21. lib. paris. quæ sibi debentur de reliquis; prout per schedulam per eosdem Macicotos in Capitulo traditam apparet.* Autre Acte capitulaire du dernier Juillet 1433. contenant mesme chose que le précédent. Deux autres Conclusions capitulaires des 3. & 17. May 1589. portant que dans le payement des Tables des Mereaux, les Grand-Vicaires seront préférez aux autres Bénéficiers. Autre Conclusion capitulaire du six Juin 1590. contenant ordre à Maistre Guillaume Mauvallet Receveur des Offices des Anniversaires, des Heures, & de la Station de l'*Ave Regina*; de payer aux Grand-Vicaires les sommes pour lesquelles ils estoient employez dans les Tables. Extrait du compte de l'Office de la Chambre, pour l'année qui a commencé à la Toussaint 1599. & finy au dernier Octobre 1600. contenant les sommes payées aux

Grand-Vicaires, **pour** les diſtributions de chaque mois ſuivant les Tables. Acte capitulaire du 14. Janvier 1632. portant ordre au ſieur Au-
bry Chanoine & Receveur de l'Office des Matines ; de payer aux
Chanoines, Grand-Vicaires, Bénéficiers & Habituez de l'Egliſe ; leurs
diſtributions ſuivant les Tables. Deux Actes capitulaires du 31. Juillet 1401. Le premier contenant ces termes : *Domini, viſo tenore fun-*
dationis panis Liricantus, per quam conſtat Dominos non poſſe illum per-
cipere niſi certis horis interſint in Eccleſia, nec alium, niſi ſit Canonicus
Pariſienſis & de perſonis in Bulla. Le ſecond, portant que le pain ne
ſe peut gagner qu'en venant à l'Egliſe, & que ceux qui s'abſentent
hors la Ville, même pour des affaires & pour leur Prevoſté, ne le peuvent prétendre, ſans exception d'aucunes perſonnes. Extrait du compte de l'Office de la Chambre, pour l'année commençant à la Saint
Barthelemy 1453. & finiſſant à pareil jour 1454. où il paroiſt, qu'à
des diſtributions extrordinaires de pains de fondation qui ſe feſoient
à la vigile & le jour de Noël, les trois jours ſuivans, pendant tout le
Carême & trois jours après Paſques, & à pluſieurs Stations & Antiennes de Noel, & des OO avant Noël ; les Grand-Vicaires avoient
pareille diſtribution que les Chanoines. Acte capitulaire du 15. Février 1428. où il paroiſt que ſur la demande des Grand-Vicaires &
Bénéficiers, pour avoir part à la diſtribution du pain de la Quadra-
géſime ; il a eſté nommé des Commiſſaires pour les entendre. Regiſtre capitulaire de l'Egliſe de Paris, des années 1432. 33. 34. 35. 36.
& 1437. où ſe trouvent quatre Concluſions des 30. Octobre & 8.
Novembre 1434. 19. Octobre 1435. & 16. Novembre 1436. cy-devant énoncées. Concluſion dudit Chapitre de l'Egliſe de Paris, du
19. Novembre 1562. portant après que le Titre de la Fondation du
pain de Capitre a eſté vu, la Bulle donnée à ce ſujet, & les Concluſions précédentes ; que les Chanoines ne pourront gagner le pain de
Chapitre, qu'ils n'aſſiſtent à Matines, à la Meſſe ou à Veſpres :
& les Grand-Vicaires à Matines, & à la Meſſe ; & les Bénéficiers Chantres, & Machicots, à toutes les grandes Heures de
l'Office. Autre Concluſion capitulaire du 22. Octobre 1563. portant
que le pain de Chapitre ſera diſtribué aux Chanoines, & aux autres
qui l'ont gagné, ſuivant une précédente Concluſion, ſans aucune ac-
ception de perſonnes. Autre Concluſion capitulaire, du 4. Mars
1566. portant que l'Office de Matines fournira deux muids de froment pour ſa cote-part à la fourniture du pain de Chapitre comme
il eſt accouſtumé. Autre Concluſion capitulaire, du 14. May 1567.
portant qu'après trois jours d'abſence d'un Chanoine il ſera privé du
pain de Chapitre. Cahier contenant douze Extraits de Concluſions
capitulaires, des 13. 16. & 20. Juillet, 13. 20. 23. & 27. Aouſt, 24.
Septembre, 22. & 26. Octobre, & 5. Novembre 1498. concernant
la conceſſion des deux muids de ſel de la fondation du Roy Louïs
XII. pour ſon Obit. Trois Concluſions capitulaires, des 10. Janvier

&c.

& 22. Avril 1564. & 19. Janvier 1568. portant que chaque Chanoine payera fa cote-part du prix du Marchand & des frais du fel. Autre Acte capitulaire du 18. Mars 1632. où il paroift que le prix du Marchand, & les autres frais du fel, montant à 680. liv. 10. f. ont efté employez en la dépenfe du compte des Anniverfaires. Acte du 3. Janvier 1689. fait par deux Notaires du Chaftelet, à la requifition defdits Grand-Vicaires, à l'occafion des Vigiles de l'Obit du Roy Louïs XII. qui fe devoit celebrer le lendemain. Lettre du Vendredy après l'Invention Sainte Croix 1273. contenant les chofes données par Maiftre Philippes de Bretigny Chanoine de Paris pour la fondation de fon Obit. Autre Lettre du premier Juillet 1370. fefant mention que la Mairie ou Prevofté d'Epône, a efté chargée de payer à perpetuité douze livres parifis, pour trois Meffes qui doivent eftre célébrées au grand Autel de l'Eglife de Paris. Deux Actes capitulaires de l'année 1310. fefant mention d'affignats fur les Terres d'Aubergenville & Outrebois, pour fureté de fondations d'Obits & Anniverfaires. Autre Conclufion capitulaire du 23. Décembre 1433. portant que 300. liv. parifis payez par les Exécuteurs Teftamentaires de Maiftre Abraham de Lanco pour fon Obit, feront employéz aux néceffitez de l'Eglife. Trois autres Conclufions capitulaires des 19. Mars 1434. 6. Fevrier 1435. & 17. Septembre 1436. contenant les fondations des Obits de Maiftre Jean Ifambert, Maiftre Henry Thibouft, & Maiftre Jean Loyer. Autre Acte capitulaire du 15. Novembre 1434. contenant que pour les 300. livres donnez par Maiftre Aymenon Chanoine, il fera diftribué 8. liv. par chacun an à fon Obit. Autre Acte capitulaire du 6. Fevrier 1436. contenant la fondation de l'Obit de Pierre d'Ailly Cardinal Evefque de Cambray & Raoul fon neveu, Chanoine & Archidiacre de la mefme Eglife; contenant donation de 300. faluces d'or à employer en fonds. Lettre du 23. Fevrier 1436. contenant donation de 500. liv. pour la fondation de l'Obit de Mr G. Intrant Doyen de Rouen & Chanoine de Paris; affigné fur des héritages fis au Terroir de Mons. Autre Acte capitulaire du 4. Decembre 1419. concernant la diftribution qui fe fefoit à Matines & à la Meffe, pour la fondation de la Fefte de S. Nicaife. Autre Acte capitulaire du 22. Septembre 1428. portant qu'il fera fourny deniers pour diftribuer aux Anniverfaires du Roy Charles V. Jean Duc de Bourgogne, Guillaume Cardonnel, Jean Hue & Jean Durand Chanoines, Philippes le Begue de Villaine, & à la Meffe de la Victoire, du mefme Duc de Bourgogne. Autre Acte capitulaire du 25. May, portant que les diftributions des Meffes fondées par Meffieurs Chartier & de Beaumont Evefques de Paris, & par le fieur Cerifay Chanoine, feront payées. Autre Acte capitulaire du 6. Septembre 1566. concernant la diftribution des premiers Jeudis des mois, en repofant le S. Sacrement. Autre Acte capitulaire du 27. Février 1568. portant que la diftribution accoutumée, fera faite à ceux qui affifteront à la Meffe de fept

P.

heures. Autre Acte capitulaire du 11. Septembre 1399. ou il paroiſt que l'Archidiacre de Joſas a donné ce qui luy pouvoit revenir de ſa Maiſon canoniale après ſa mort, pour l'augmentation des diſtributions des Matines de Noſtre-Dame, qui ſe diſent les Feſtes ſimples & les jours de Feries après les Matines ordinaires ; & pour les Laudes des Défunts. Extraits de comptes des Anniverſaires des années 1425. & 1426. contenant les biens & revenus appartenans audit Office. Compte de l'Office de Matines pour l'année 1587. contenant auſſi les biens & revenus appartenans audit Office. Extrait d'un ancien Martyrologe ou Nécrologe de l'Egliſe de Paris, ou ſont énoncées les fondations d'Obits & Anniverſaires depuis 1250. juſqu'au 15e. ſiécle. Extrait de Martyrologe d'environ l'année 1350. faiſant mention de l'employ des deniers procédans des fondations d'Obits & Anniverſaires & des terres chargées des diſtributions à faire auſdits Obits. Martyrologe ou Nécrologe de l'an 1400. contenant les anciennes fondations, & celles des 15. & 16e, Siécles. Extrait de Martyrologe ou Nécrologe de l'an 1500. contenant les mêmes fondations. Table alphabetique de tous leſdits Martyrologes ; contenant les terres, maiſons, biens & revenus affectez audit Office des Anniverſaires. Imprimé de l'Obituaire de l'Egliſe de Paris pour l'année 1688. contenant les Obits & Anniverſaires qui ſe célébrent à préſent. Concluſion capitulaire du 8. Janvier 1592. contenant ces termes *Viſum fuit prærogari ſuper officiis Matutinarum duodecim aurea quolibet menſe diſtribuenda, ita ut abſentium portio creſcat præſentibus.* Charte du Roy Philippe Auguſte de l'an 1190. portant confirmation de la donation faite par Gautier ſon Chambellan à l'Egliſe de Paris, de ce qu'il avoit dans l'Iſle de Paris derriere le Cloiſtre, à la charge d'un Anniverſaire. Deux Extraits de comptes, de l'office de la Chambre des années 1455. & 1456. ou il paroiſt que ladite Iſle appellée de Noſtre-Dame eſtoit affermée à des Blanchiſſeurs de toille 8. livres Pariſis. Autre Extrait de pareil compte de l'année 1549. avec un Bail du 2. Janvier 1591. & trois autres Extraits de pareils comptes des années 1600. 1610. & 1625. ou il paroiſt que ladite Iſle Noſtre-Dame, & l'Iſle aux Vaches, eſtoient affermées 14. liv. en 1549. vinte-quatre écus, en 1591. & 1600. & 160. liv. en 1610. & 1625. Trois Concluſions capitulaires des 2. Juillet 1366. 18. Novembre 1370. & 2. Juillet 1393. au ſujet des réparations des Maiſons Clauſtrales contenant ces termes, *Si Canonicus vel alius obtinens ipſas domos deceſſerit.* Deux Concluſions capitulaires des 6. Septembre 1424. & 28. Aouſt 1426. ou il paroiſt que Maiſtre Jean Majoris Grand-Vicaire a fait la recepte des redevances des Maiſons clauſtrales. Cinq Concluſions capitulaires des 27. Septembre 1431. 4. Janvier 1497. 24. Novembre 1563. 11. & 28. Aouſt 1617. ou il paroiſt ; ſavoir par la premiere, que les Grand-Vicaires ont eu même diſtribution que les Chanoines, en la ſomme de 42. liv. provenue d'une Maiſon clauſtrale ; & par les quatre autres, que Maiſtres Nicolas le Gen-

dre, François Clement & Noël Tharon, Grand Vicaires; ont possédé des Maisons claustrales en la même maniere que les Chanoines
les possedent à leurs vies canoniales : la derniere desdites Conclusions portant que ledit Tharon grand ou perpétuel Vicaire de Saint
Marcel donnera caution de faire les reparations. Conclusion capitulaire du 16. Avril 1540. portant ordre à un Chanoine de Saint Denys du Pas, de chasser de sa maison toutes les personnes étrangeres qui
y habitoient, avec injonction de n'en plus admettre, suivant le Statut
de l'Eglise *de alienis non hospitandis in claustro*. Acte capitulaire du 3.
Février 1563. portant defenses de faire nopces dans le Cloistre, n'y d'y
faire habiter aucuns étrangers, quand même ils seroient proches pa-
rens des Chanoines. Registre du Chapitre de l'Eglise de Paris duquel ont esté extraites plusieurs Conclusions capitulaires cy devant
énoncées; & quatre autres des 28. Avril 23. 27. & 28 Juin 1498. concernant la demande des Officiers du Roy Louis XII. pour loger une
nuit dans le Cloistre. Statut du Chapitre de Saint Germain de l'Auxerrois du 8. Mars 1565. contenant la partition des Bénéfices estant à
la présentation & collation de ladite Eglise divisez en 13. portions,
ou il paroist que la Vicairie perpétuelle de ladite Eglise Saint Germain de l'Auxerrois en l'Eglise de Paris; est échue à la nomination
de Maistre Matthieu Perthois, Chanoine de ladite Eglise Saint Germain. Ordonnance de Guillaume Viole Evêque de Paris du 10. Mars
1565. Bulle du Pape Pie IV. du 17. Aoust 1565. & Lettres patentes du Roy
Charles IX. du 23. Juin 1566. portant confirmation de ladite parti-
tition. Arrest du Parlement du 24. Juillet 1566. contenant l'enregi-
strement du tout. Lettre de Barthelemy Doyen & des Chanoines
de Paris de l'an 1146. concernant les droits de la Prébende
de Saint Martin des Champs en l'Eglise de Paris; défervie par
un Vicaire-Prêtre, auquel des revenus de ladite Prébende on payoit
20. sols outre les distributions. Acte capitulaire du 17. Avril 1415. contenant reception de Maistre Iean Robert dit le Petit, Chanoine de
Saint Germain de l'Auxerrois, en la Vicairie perpétuelle de ladite
Eglise; sur la présentation du Chapitre. Extrait du compte de l'office de la Chambre des années 1454. & 1455. ou il paroist qu'au lieu
de 8. liv. parisis que le Chapitre de Saint Marcel devoit recevoir pour
le gros de sa Prébende; il n'a reçu que 8. liv. tournois. Acte capitulaire du 10. Iuin 1520. fesant mention des deniers retenus sur le
gros de la Prébende Saint Germain; faute d'en avoir acquité les semaines, à cause du litige sur le possessoire de la Vicairie de ladite Eglise.
Autre Acte capitulaire du 7. Decembre mil cinq cens quatre-vints-dix
fesant mention de la demande des Vicaires pour avoir le payement de
leurs Gros; que le Chapitre s'excusoit de payer à cause de l'injure du
temps. Autre Acte capitulaire du 10. dudit mois de Decembre 1590.
portant que les Gros des Vicaires perpétuels, n'ont pu estre payez ni
fournis en espece, à cause de l'injure du temps & de la pauvreté des Fer-

miers. Trois Extraits des Comptes de l'Office de la Chambre des années 1609. 1620. & 1624. où il paroist ; savoir, par le compte de 1609. que le Gros de Saint Victor étoit de 150. livres ; & celuy du sieur de Lartigue Chanoine, de 200. livres : par le compte de 1620. que le Gros de Saint Victor étoit comme celuy des Chanoines de 200. livres : & par le compte de 1624. que le Gros des Chanoines étoit de 400. liv. Table des distributions de l'Eglise de Paris, certifiée veritable par Maistre Charles le Roy Prêtre Chanoine de Saint Denys du Pas en ladite Eglise de Paris & grand Distributeur d'icelle Eglise ; le 14. Novembre 1689. contenant la diversité, égalité & inégalité desdites distributions. Deux Arrests du Parlement des 3. Septembre 1379. & 26. Février 1536. qui adjugent aux Chapitres de Saint Michel, de Saint Nicolas & de Saint Barthelemy de Beauvais ; les Gros fruits, & toutes les distributions manuelles & quotidiennes, des Prébendes qu'ils ont en l'Eglise Cathedrale du même lieu, qu'ils peuvent faire desservir par un Chanoine de chacune desdites Eglises, ou par tel autre Vicaire que bon leur semble ; & les déboute des distributions capitulaires : lesdits Arrests portant en outre, que des revenus de ladite Eglise de Beauvais, la moitié sera appliquée aux distributions ; l'autre moitié aux gros fruits. Conclusion capitulaire du 12. Septembre 1544. portant que les Chanoines, les Vicaires & les Bénéficiers qui demeureront en temps de guerre & assisteront à l'Office de l'Eglise, auront leurs distributions en mereaux dont le prix doublera ; & que le manuel accroistra aux presens pour l'absence des autres. Autre Conclusion capitulaire du 26. Novembre 1614. portant que les Grand-Vicaires, Chapelains & autres Bénéficiers de l'Eglise assisteront à la Grand-Messe & autres Heures ; à peine de privation du manuel & des mereaux. Deux autres Conclusions des 13. Février & 13. Mars 1543. concernant la cote-part des Grand-Vicaires au don gratuit, dont le Roy avoit accordé la décharge à cause du prest de 250. écus d'or, fait des deniers du cofre de l'Eglise. Arrest du Parlement de Paris du 15. Janvier 1667. donné entre le Syndic des trois Communautez des Prébendes de l'Eglise de Saint Etienne de Toulouse, le Syndic des vinte-quatre Prébendiers de ladite Eglise ; & les Prevost, Chanoines & Chapitre de la même Eglise : portant que les fruits & revenus des Obits ne seront distribuez qu'aux presens ; que le Chapitre ne pourra faire aucuns baux des biens desdits Obits sans y appeler les Prébendiers ; que les comptes leur seront communiquez huitaine avant la reddition d'iceux : & qu'aux frais & dépens desdits Prébendiers il sera fait un livre & tableau des fondations des Obits : à l'effet de quoy le Syndic du Chapitre remettra les titres entre leurs mains, le tout suivant les Arrests & Réglemens précedemment donnez entre les Parties ; dont l'exécution est ordonnée. Arrest du Conseil d'Etat du 23. Janvier 1668. qui ordonne l'exécution du dernier Arrest. Conclusion capitulaire du 20. Mars 1549. portant qu'aux quatre Obits fondez par le Duc de Berry, il en sera ajoûté un cinquieme où il sera

fait.

fait diftribution du mereau, attendu la qualité des biens par luy donnez à l'Eglife. Conclufion capitulaire du premier Juillet 1613. portant
qu'il fera pris 2. livres fur les Obits de 30. livres, 3. livres fur ceux de
40. livres, 4. livres fur ceux de 50. livres, 5. livres fur ceux de 60. li-
vres, & 6. livres fur ceux de 100. livres: le tout pour employer aux
diftributions des Laudes defdits Obits, qui fe difent là nuit après Matines. Autre Conclufion capitulaire du 3. Avril 1543. portant que la fomme de 560. livres provenue de la vente de la Maifon clauftrale du fieur
Pommier Chanoine; fera mife au cofre de l'Eglife. Autre Conclufion
capitulaire du 7. Février 1543. portant défenfes de loger dans le Cloitre des étrangers; non pas même des paffans; fi ce n'eft pour fix ou
huit jours feulement. Cahier contenant huit Conclufions capitulaires
des 26. 27. & 28. Février, 7. 12. 14. 19. & 24. Mars 1544. où il paroift
que le fieur Chabannier Confeiller au Parlement, a efté exclus de l'habitation du Cloiftre ; en conféquence du Statut contre les étrangers,
qui leur défent d'y demeurer *inconfulto Capitulo*. Autre Conclufion
capitulaire du 16. Février 1594. portant *fiant volutabra ferrea pulpitorum
utriufque lateris chori, dominorum Decani & Cantoris, fecundum dimenfionem
aliorum.* Cahier de plufieurs Conclufions capitulaires des premier & 4.
Octobre 1638. 13. Novembre 1656. 12. Février 1676. 4. Aouft 1682.
premier Octobre 1683. & 6. Mars 1687. contenant la reception de Mai-
tre Chriftophle le Févre en la Vicairie perpétuelle de Saint Maur en
1638. de Maiftre François le Marchand en la Vicairie perpétuelle de
S. Denis de la Chartre en 1656. de Maiftre Pierre Alexis Percheron
en la Vicairie perpétuelle de Saint germain de l'Auxerrois en 1676. de
Maiftre Louis le Blond en la Vicairie perpétuelle de Saint Martin des
Champs en 1682. de Maiftre Charles le Mercier en la Vicairie perpétuelle de Saint Victor en 1683. & de Maiftre Laurent Jôvet Vicaire
perpétuel de Saint Marcel en 1687. Deux Conclufions capitulaires
des 24. & 27. Octobre 1466. la premiere portant que Maiftre Simon
Chapitault s'étant prefenté pour être reçu à la Vicairie de Saint Maur
des Foffez; il fut ordonné que la Bulle concernant les Vicairies & autres Bénéfices de l'Eglife; feroit lue au Chapitre; *& iterum examinabi-
tur fuper fuficientia, idoneitate & inftructione Ecclefia :* la feconde portant
qu'après l'examen dudit Chapitault il a efté reçu en ladite Vicairie.
Autre Conclufion capitulaire du 20. Septembre 1557. contenant la réception de Maiftre François Gentil en la Vicairie perpétuelle de Saint
Martin des Champs en ces termes: *Vicaria perpetua fancti Martini de
Campis, & eidem Gentilio priùs examinato, ac auditis dominis Hubert &
Moreau à capitulo Commiffis, fuper ejus idoneitate in cantu, & aliis ad qua
tenetur, dicta Vicaria collata eft eidem Gentilio cum fuis juribus univerfis; qui
juravit, & fuit inftallatus ; fervatis folemnitatibus affuetis.* Statut du 12.
Février 1226 portant que les Chanoines de Paris, & deux Chanoines
de Saint Jean le Rond comme diftributeurs; auront diftribution aux
Matines de la Vierge avec les Laudes des Morts, ou à Laudes des-

Q

Morts quand il n'y a point de Matines de la Vierge, à l'Heure de Prime,
à la Meſſe matutinale, à l'Heure de Tierce, à la Proceſſion des Dimanches; à la Grand Meſſe de tous les jours, à Sextes, à Nones & à
Vêpres; aux Vigiles des Anniverſaires où il n'y avoit point de diſtribution de deniers, & enfin à Complies; à raiſon de 4. deniers par jour.
Lettres du Roy Charles le Chauve de l'an 877. portant que l'Iſle la
plus proche de l'Egliſe de Paris du coſté d'Orient ſera rendue au Chapitre, ſur lequel les Comtes de Paris l'avoient uſurpée. Extrait des
comptes de l'Office de la Chambre des années 1361. 62. 64 65. 66. 69.
71. 72. 74, 76. 78. 80. 81. 88. 90. 98. & 99. 1408. 9. 18. 38. 40. 48.
53. 59. 73. 78 79. 88. & 89. 1519. 20. 39. 49. 69. 84. & 1600. 1601. 2.
3. 4. 5. 6. 7. 8. 9. 10. 11. 12. 14. 15. 16. 17. 18. 19. 20. 21. 22. 23. 24. 25.
& 1626. par tous leſquels comptes il paroiſt; qu'il a eſté payé au Vicaire de Saint Maur des Foſſez 8. livres pariſis, au Chapitre de Saint Marcel 8. livres pariſis, au Chapitre de Saint Germain de l'Auxerrois 8.
livres pariſis, au Prieur de Saint Denys de la Chartre 7. livres pariſis,
& 20. ſols pariſis au Vicaire; aux Religieux de Saint Martin des Champs
13. livres pariſis, & 20. ſols pariſis au Vicaire: le tout pour Gros ou pen-
ſions des Prébendes deſdites Egliſes. Extrait du compte des Anniverſaires, pour l'année qui a commencé au premier Novembre 1665. &
finy au dernier Octobre 1666. où il paroiſt qu'en la dépenſe du mois
de Novembre, il a eſté employé quatre articles, chacun de 50. livres,
pour la nouvelle diſtribution à chacun des quatre Dimanches dudit
mois de Novembre 1665. Concluſion capitulaire du 14. May 1669.
portant révocation & ſuppreſſion de ladite diſtribution de 50. livres,
& réduction des 5. ſols qui ſe payoient pour l'aſſiſtance au Chapitre à
1. ſol. Autre Concluſion capitulaire du 23. Juillet 1685. portant que du
produit des lots & ventes de l'Iſle Nôtre Dame, revertis au Chapitre
au premier Janvier 1684. il en ſera pris 1000. livres, pour employer au
rétabliſſement de partie de la diſtribution de 50. livres aux Dimanches
& Fêtes ſolemnelles de l'année, & ce qu'il conviendroit pour le rétabliſſement de la diſtribution de 5. ſols d'aſſiſtance au Chapitre; le ſurplus mis au cofre de l'Egliſe. Quatre Tables de diſtribution des aſſiſtances au Chapitre des années 1685. 86. 87. & 88. où il paroiſt que la
Concluſion du 22. Juillet 1685. n'a point eu d'execution à cét égard, &
qu'il n'a toûjours eſté payé qu'un ſol pour les aſſiſtances au Chapitre;
ſuivant la Concluſion du 14. May 1669. Extrait du compte de la recette des cenſives de ladite Egliſe de Paris pour l'année 1689. où il paroiſt qu'il a eſté reçu 250. livres pour les lots & ventes d'une moitié de
maiſon ſiſe en l'Iſle Nôtre Dame. Certificat du ſieur le Roy, grand-
Diſtributeur du 26. May 1690. portant que ſuivant ce qui a eſté pratiqué par ſes prédeceſſeurs, & notamment par Maiſtre Chriſtophle le
Fevre Vicaire de Saint Maur en l'Egliſe de Paris; il retient pour les
Laudes des Obits où il y a Vigiles & qui ont 200. livres de diſtribution & au deſſus, 6. livres; & aux autres Obits, 5. livres; & que ces 5.

ou 6. livres se donnent par mois au Receveur de Matines ; pour servir à payer les 5. sols par jour du manuel desdites Matines. Rescrit du Pape Alexandre IV. de l'an 1159. portant que les 6. livres accordez de grace à Robert Bethlei Vicaire de Saint Maur, outre les 8. livres parisis accoutumez, pour le Gros de la Prébende de ladite Eglise de Saint Maur, cesseront au décès dudit Robert Bethlei. Six quitances dudit le Févre grand ou perpétuel Vicaire de S. Maur des dernier May 1642. 18. May 1643. 6. May 1644. premier May 1647. 9. May 1670. toutes de la somme de 10. livres pour le Gros dû audit Vicaire de Saint Maur, qui se paye chacun an au jour de l'Ascension ; les quatre premieres contenant la qualité de Vicaire perpétuel ; & les deux autres celle de Vicaire de Saint Maur simplement. Quatre quitances des 23. Février 1643. 3. Février 1644. 16. May 1650. & 9. Decembre 1655. contenant les payemens faits aux sieurs Hudebert & Clerget ; successivement Vicaires de Saint Denys de la Chartre, de 25. sols à eux dus annuellement au jour de l'Ascension. Trois quitances du sieur Fremy Vicaire perpétuel de Saint Martin des Champs des 23. Février & 15. May 1643. 19. Juin 1647. & 5. Juillet 1650. contenant le payement à luy fait de pareils 25. sols à luy dus annuellement au jour de l'Ascension, & à prendre sur l'Office de la Chambre. Transaction du premier Juillet 1585. où il paroist entr'autres choses que le Chapitre de Paris a promis de payer & continuer chacun an aux Religieux de Saint Martin des Champs 13. liv. parisis, pour le Gros de leur Prébende en ladite Eglise de Paris. Onze quitances des 18. May 1556. 25. May 1583. 2. Février 1584. 25. Février & 25. Aoust 1589. 27. Octobre 1603. 14. Juillet 1608. 24. Juillet 1610. 8. Mars 1617. 15. May 1620. & 25. Novembre 1621. où il paroist que le Chapitre de Saint Marcel a esté payé de 8. livres parisis à luy dus chacun an au jour de l'Ascension, pour le Gros de sa Prébende perpétuelle en l'Eglise de Paris : les quitances desdits jours 2. Février 1584. & 8. Mars 1617. fesant mention que lesdits 8. livres parisis se payent, moitié au jour de la Purification, l'autre moitié au jour de l'Ascension. Six autres quitances des Prieurs de Saint Denys de la Chartre des 11. Octobre 1556. 18. Aoust 1559. dernier Juin 1578. 27. Aoust 1590. 4. Mars 1648. & 15. Juin 1660. de 7. livres payez annuellement audit Prieur de Saint Denys de la Chartre ou ses Receveurs ; par demy année, aux jours de la Purification & de l'Ascension. Quinze autres quitances des 8. Juillet 1556. 15. Janvier 1578. premier Juillet 1583. 4. May 1584. 3. Juillet 1585. 25. Juin 1586. 15. Juillet 1587. 30. May 1588. 10. May 1589. premier Juin 1590. 14. Février 1604. 18. Janvier 1611. 27. Janvier 1612. 3. Février 1618. & 29. Juin 1621. contenant payement fait au Chapitre de S. Germain de l'Auxerrois ou ses Receveurs de 8. livres parisis, valant 10. livres tournois ; pour le Gros de la Prébende de ladite Eglise de Saint Germain en l'Eglise de Paris ; payée, moitié au jour de la Purification, l'autre moitié au jour de l'Ascension. Arrest du Parlement du 7. Septembre 1627. donné entre le Chapitre de Meaux & l'Hôtel-Dieu, par le-

quel en confirmant une Sentence du Chaſtelet, qui a maintenu ledit Hôtel-Dieu, au droit & poſſeſſion d'une Prébende en ladite Egliſe de
Meaux; conſiſtant en un Gros d'un muid de grain, les deux parts bled
froment & le tiers avoine; ſur la demande dudit Hôtel-Dieu afin de
joüir du revenu d'une Prébende entiere; les parties ont eſté miſes hors
de Cour. Certificat ſigné Pierrot, Clerc prépoſé par le ſieur Chantre,
pour dreſſer les Tables de l'Office du Chœur de l'Egliſe de Paris; contenant que les Dignitez & Chanoines, les Vicaires & les Bénéficiers
Prêtres, font leur ſemaine tour à tour. Concluſion capitulaire du 18.
Novembre 1574. portant que doreſnavant les Grand-Vicaires de l'E-
gliſe s'aſſoiront & marcheront avec les Bénéficiers du Chœur dans
l'ordre de leur ancienneté & de leur réception; & que les Vicaires de
Saint Agnan s'aſſoiront & marcheront immédiatement après les Chanoines de Saint Agnan. Avertiſſemens, Inventaires & Requêtes de
production, Contredits, Salvations, & autres écritures, piéces & proce-
dures, reſpectivement produites par leſdites parties; ſur toutes leurs demandes & conteſtations, qui étoient pendantes audit Parlement de Paris, évoquées par ledit Arreſt du Conſeil du 18. Avril 1691. avec le
Factum du Chapitre de Paris ſignifié le 20. Novembre 1690. VU
auſſi l'Acte ſignifié le 12. Juin 1691. à la Requête deſdits le Marchand,
Percheron, le Mercier, le Blond & le Févre, tous Grand-Vicaires en
l'Egliſe de Paris, & déſervant les Canonicats & Prébendes des Chapitres, de Saint Germain de l'Auxerrois, de Saint Marcel & de Saint
Maur des Foſſez; de l'Abbayïe de S. Victor, du Prieuré de Saint Martin des Champs, & du Prieuré de Saint Denys de la Chartre en ladite
Egliſe de Paris; par lequel leſdits le Marchand & Conſors pour répondre
au Factum à eux ſignifié de la part deſdits du Chapitre de Paris, au procès
évoqué par ledit Arreſt; ont fait donner copie auſdits du Chapitre de
Paris de ſix piéces: la premiere deſquelles eſt le Factum deſdits Grand-
Vicaires & de leurs Patrons, contre leſdits du Chapitre de Paris: la ſeconde un imprimé, contenant la Réponſe deſdits Grand-Vicaires & de
leurs Patrons au Factum du Chapitre de Paris: la troiſieme, un Mémoire des Obits fondez en ladite Egliſe de Paris, tiré & extrait des
Martyrologes des années 1250. 1350. 1400. & 1500. produits audit procès par leſdits Grand-Vicaires par leur Requête du 14. May 1689. qui
ne s'exécutent plus: la quatrieme, un autre Memoire des fondations
qui s'exécutent à preſent, tiré de l'Obituaire de 1688. produit par la
même Requête: la cinquieme, une autre Memoire des anciens mereaux ſolemnels, pris & extrait d'un Regiſtre obituaire de 1550. & la
ſixieme & derniere, un autre Memoire des mereaux ſolemnels d'a preſent, pris & extrait de l'Obituaire de 1688. Replique deſdits du Chapitre de Paris du 9. Septembre mil ſix cens quatre vints onze; à la réponſe fournie par leſdits Vicaires perpétuels, contre le Factum deſdits du
Chapitre; en ce qui touche le cinquieme chef du procès concernant les
fondations d'Obits & Anniverſaires. Reponſes deſdits Grand Vicai-

res à ladite Replique , du 31. Octobre 1691. Mémoire fourny aufdits du Chapitre de l'Eglife de Paris par ledit Percheron , tant
pour luy que pour fes confreres , le 27. Septembre 1691. contenant les fondations fuprimées ; tiré du Martyrologe de 1400. 22ᵉ
piece cote C, du 13ᵉ fac, du Martyrologe de 1600. cote EEE, du 5ᵉ
fac , du compte des Anniverfaires de l'année 1618. cote GGG. dudit
5ᵉ fac, du compte des Heures de la mefme année 1618. cote P. dudit
5ᵉ fac, du compte de la Chambre de la même année 1618. cote AAA
dudit 5ᵉ fac, du compte des Matines de l'année 1587. 19ᵉ piece cote C,
du 13ᵉ fac, dautres Actes tirez de la cote DDD dudit 5ᵉ fac, & d'un
Obituaire de 1560. produit au 25ᵉ fac ; fans préjudice des fondations
plus fortes & en plus grand nombre, qui fe trouvent dans les Martyrologes de 1250. & 1500. produits au procès, grand & petit Paftoral,
& autres Actes. Ecrit defdits du Chapitre de Paris, du 29. Octobre
1691. fervant de Réponfe audit Memoire. Autre Ecrit defdits du
Chapitre de l'Eglife de Paris, du 10. Decembre 1691. fervant de Réponfe aux deux Memoires defdits Vicaires perpétuels ; fignifiez par
l'Acte du 12. Juin 1691. le premier intitulé Anciens Mereaux folemnels , & le fecond, Mereaux folemnels d'aprefent. Autre Ecrit
defdits du Chapitre de l'Eglife de Paris, du 24. dudit mois de Decembre 1691. intitulé Sommaire des Services & Diftributions portées par
l'Obituaire de 1688. avec obfervation des années des fondations, fuivant le Memoire & Extrait dudit Obituaire fignifié à la Requefte
defdits Vicaires perpétuels par ledit Acte du 12. Juin 1691. Requefte
prefentée par lefdits Percheron, le Blond, le Mercier , & le Fevre,
Grand-Vicaires défervans les Canonicats & Prébendes des Eglifes de
Saint Germain de l'Auxerrois, Saint Maur des Foffez, Saint Victor,
& Saint Martin des Champs, en l'Eglife de Paris ; le 4. Octobre
1691. A ce qu'il plaife à Sa Majefté les recevoir appelans de la Sen-
rence des Requeftes du Palais du 5. Fevrier 1511. & fefant droit fur
ledit appel , mettre l'appellation , & ce dont eft appel , au neant ;
émendant, & corrigeant : ordonner que les 96. minots de fel, qu'il
plaift à Sa Majefté de faire fournir à l'Eglife de Paris, par chacun an,
pour la fondation de l'Obit du Roy Louïs XII. feront diftribuez
non feulement aux Doyen , Chantre , & Chanoines de ladite Eglife
de Paris ; mais encore aufdits Grand Vicaires affiftans audit Obit , a-
vec a mefme proportion que fe font les diftributions des autres O-
bits ; fans préjudice de leurs autres droits : au bas de l'original de
laquelle Requefte eft la Réponfe defdits du Chapitre de l'Eglife de Paris, par laquelle ils ont foûtenu lefdits Vicaires perpetuels non-rece-
vables & mal-fondez audit appel. Autre Requefte des Chanoines,
Chantre & Chapitre de Saint Maur-des-Foffez, du 26. Octobre 1691.
tendante, A ce qu'il plaife à Sa Majefté les recevoir Parties intervenantes au procès, leur donner Acte de ce qu'ils adherent aux Conclufions defdits fix Grand-Vicaires de l'Eglife de Paris ; & y fefant

R

droit; leur adjuger leurs fins & Conclufions avec dépens. Autre Requefte dudit Chriftophle le Fevre Grand Vicaire de l'Eglife de Saint
Maur des-Foffez en l'Eglife de Paris, du 3. Novembre 1691. tendant
A ce qu'il plaife à Sa Majefté luy donner Acte de ce qu'il adhere aux
Conclufions qui ont efté prifes par lefdits Chapitres de Saint Germain, Saint Marcel, & Prieur de Saint Denys de la Chartre, pour
raifon des gros en queftion; & en confequence, luy adjuger pareil
gros que celuy qui eft payé à un Chanoine de ladite Eglife de Paris,
& tel qu'il fera adjugé aufdits de Saint Germain, Saint Marcel, &
Saint Denys de la Chartre; & tous les droits attachez, & appartenans aux Chanoines; exprimez en la Charte de fon inftitution. Autre Requefte defdits Percheron, le Blond, le Mercier, & le Fevre,
Grand-Vicaires deffervans les Canonicats & Prébendes des Eglifes de
Saint Germain de l'Auxerrois, Saint Martin des Champs, Saint Victor, & Saint Maur-des-Foffez, en l'Eglife de Paris, du 15. Decembre 1691. contenant Demande A ce qu'il plaife à Sa Majefté ordonner QUE pardevant ledit fieur Archevefque de Paris, tous les Martyrologes de ladite Eglife, le grand & le petit Paftoral, & les comptes
des Anniverfaires, Matines, Heures, & Offices de la Chambre, &
des Stations des années 1560. 1590. 1610. 1616. 1618. 1624. 1632. 1640.
1660. 1666. 1686. & 1690. que lefdits du Chapitre de l'Eglife de Paris
ont en leur poffeffion, feront par eux inceffamment réprefentez avec
ceux qui font produits au procès; pour fur iceux rétablir les Obits &
fondations qui ne font plus celebrez & acquitez, à proportion des fonds,
biens & revenus qui y font affectez; regler la maniere de les celebrer
& acquiter, & les diftributions qui y doivent eftre faites; fans que
dans la fuite lefdits du Chapitre de l'Eglife de Paris, puiffent rien inno-
ver, ny changer les fondations & diftributions faites & à faire, que par
l'autorité dudit fieur Archevefque de Paris, en connoiffance de caufe,
lefdits Grand-Vicaires ouïs, ou duement appellez: cependant ordonner que les Obits & Fondations notables des Fondateurs cy-
après nommez, feront rétablis; fçavoir, ceux des Rois Philippes de
Valois & Jean I. qui ont donné 40. arpens de terre à Eve; Philippes
qui a donné le Marché d'Epone; Philippes le Bel qui a donné des
bleds & autres grains à Machau & Chaftenay; & Louïs qui a donné
la Voirie de Bagneux: les Obits des Ducs de Bourgogne; & des
Evefques de Paris; favoir, Pierre d'Orgemont, Guillaume d'Auver-
gne, Guillaume de Chenac, Maurice de Sully, Guillaume Chartier,
Louis de Beaumont, Eftienne de Barreto, & Pierre Affety; Les
Obits de Gautier Chambellan du Roy Philippes Augufte & Aveline
fa femme, Gerard de Courlandon, Simon de Separa, Raoul Che-
vrier, Jean Chuffart, Eftienne Comte & Amaltrude fa femme, Robert & Milon de Dangeau, Simon de Saint Denys, Philippes de
Bretigny, Jean de Blois, Berenger Fredoly, Oudard de Barre, Thomas de Saint Pierre, Jean Hetor, Nicolas Chantre, Jean de Chantre-

prime, Gerard de Reims, Garnier Gerondy, autre Garnier, Pierre de Casteto, & Nicolas de Villamaris, Jean Comte de Forest, Hugues de Viry, Amaury & Pierre d'Orgemont, René de S. Vrain, Guillaume de Narbonne, Renaud de Villacereris, Guillaume Barbette, & Oudard des Moulins ; sans préjudice de plus de 1200. fondations, tant de Papes, que de Rois de France, Cardinaux, Ducs, Seigneurs, Evesques de Paris, Archevesques & Evesques de France; Doyens, Chantres, Archidiacres, Chanoines, & Grand-Vicaires de l'Eglise de Paris, dont les Fondations notables sont au grand & petit Pastoral, comme aux Martyrologes de 1250. 1400. 1500. 1600. & autres Actes & comptes : QUE suivant l'Arrest du Parlement de Paris rendu pour l'Eglise Metropolitaine de Toulouse, le 15. Janvier 1667. confirmé par l'Arrest du Conseil d'Estat du 23. Janvier 1668. lesdits du Chapitre de Paris ne pourront faire aucuns baux des biens affectez ausdits Obits & Fondations; accorder aucune diminution ny faire aucunes ventes, échange, ny autres Actes concernant lesdits Obits, Matines, Processions, Stations, Heures, Offices, & Fondations, sans y appeller lesdits Grand-Vicaires : QUE les comptes de l'Administration du revenu desdits Obits, Offices & Fondations leurs seront communiquez avec les pieces justificatives, huitaine auparavant la reddition desdits comptes, pour estre presens à l'audition d'iceux, les impugner, debatre, ou approuver, s'ils le trouvent à propos; avec défenses ausdits du Chapitre de Paris de proceder à l'audition & clôture desdits comptes, sans avoir prealablement satisfait à ladite communication : QUE suivant ledit Arrest il sera fait avec lesdits Grand-Vicaires, un Martyrologe où seront écrites toutes les Fondations & revenus des Obits & autres Fondations; comme aussi un Tableau desdites Fondations, attaché en l'Eglise ou Sacristie ; & à cette fin le Chambrier du Chapitre tenu de leur exhiber & communiquer les Titres, Registres & Actes concernant lesdites Fondations : QUE les Arrests rendus pour les Religieux de Saint Victor, & leur Vicaire; contre les Chapitres de Saint Cloud, Saint Marcel, & Saint Spire de Corbeil, produits au procès; seront declarez communs avec lesdits du Chapitre de Paris, comme estans fondez sur les mesmes Titres que ceux qui establissent les demandes desdits Grand-Vicaires; & que suivant iceux lesdits Grand-Vicaires jouïront des mesmes droits, tant honoraires qu'utils; que ceux qui ont esté adjugez ausdits Religieux de Saint Victor & à leurs Vicaires par lesdits Arrests; sans qu'iceux Grand-Vicaires puissent estre assujétis à d'autres Charges, Offices, & fonctions, que celles que doivent les autres Chanoines, à l'Office de ladite Eglise de Paris : QU'en consequence, comme lesdits Grand-Vicaires sont en possession d'avoir leurs séances & rangs avec les Chanoines-Prestres; ils monteront & marcheront parmy eux selon leur antiquité, aux Processions, Stations, Offertes, Adorations & Séances; sans que les Chanoines Diacres puissent marcher avant eux ausdites

Proceffions, Stations, Offertes & Adorations; non plus que les Chanoines. Soufdiacres, qui, n'ayant de feance qu'aux baffes chaizes, ne recevant la paix & encens & ne marchant aux Stations & Proceffions
qu'après lefdits Grand-Vicaires, ont neantmoins entrepris de les pré-
ceder aufdites Offertes & Adorations;comme ont auffi fait les Chanoines
in Minoribus, qui n'ayant de feance & rang qu'avec les Enfans de Chœur,
ne recevant la paix & l'encens & ne marchant qu'avec eux, ont cependant entrepris depuis peu d'aller a l'Offerte & aux Adorations
avant lefdits Grand-Vicaires, contre toutes les regles de la difcipline ec-
clefiaftique: QUE lors que les Grand Vicaires feront leur femaine & célé-
breront la Grand Meffe les Fêtes & les Dimanches, ils porteront la vraye
Croix à l'Autel ainfi que font les Chanoines; & qu'ils chanteront l'Office des Heures grandes & petites en leurs places de réception comme
font les Chanoines, ou l'Enfant de Chœur leur portera le même livre des
Capitules & Oraifons avec les cérémonies & révérences qui fe font aux
Chanoines, fans que lefdits du Chapitre de Paris les puiffent faire def-
cendre avec indécence en la derniere place des Bénéficiers-prêtres;
pour faire les principales fonctions de leurs Bénéfices: QUE lors
que les jours Solemnels il n'y aura point de Chanoines Prêtres de
l'autre cofté du Célébrant pour aller à l'encens comme il arrive fouvent aux Matines de la nuit, le Préfident du Chœur fera tenu d'y
envoyer un Grand-Vicaire Prêtre; eftant indécent & contre la difcipline de l'Office, de faire partir deux perfonnes du même cofté, pour
cette fonction: QUE comme les Chanoines officians ne vont jamais
à l'encens avec les Chanoines qui ont la préfféance fur eux; auffi on
ne pourra envoyer lefdits Grand Vicaires à l'encens avec les Bénéficiers offi.ians, fur lefquels lefdits Grand Vicaires ont la préfféance; y ayant affez de Bénéficiers Prêtres pour faire cette fonction:
QUE lefdits Grand-Vicaires feront intabulez circulairement avec les
Chanoines felon leur réception; tant pour faire leur femaine, que pour
les femaines communes, Proceffions & autres Services; fans que lefdits du Chapitre de Paris les puiffent confondre & faire infcrire en
l'ordre des femaines, autres fervices, & appellations de Synodes, avec
& après les Bénéficiers-prêtres: QUE comme les Chanoines font tenus de chanter le neuvieme Répons des Matines doubles & fémi-
doubles; ils feront pareillement tenus de chanter le neuvieme Répons
aux Obits doubles & fémi-doubles, de porter la Chappe & chanter
le Trait *Sicut cervus* aux Meffes des Obits de Dignité; particulierement
à ceux des Rois Charles V. & Louis XII. Ifabeau de Baviere Reine
de France, Meffieurs de Matiphas, de Gondy & de Perefixe Evêque &
Archevêques de Paris; & autres de cet ordre & folemnité ou ce font
des Dignitez qui célébrent & des Chanoines qui font Diacre &
Soudiacre : QU'aux Feftes doubles & femidoubles : les premiers
Pfeaumes & les Antiennes des Pfeaumes de Vêpres & de Laudes feront annoncées aux Bénéficiers Soudiacres, Diacres & Prêtres de
degré.

degré en degré , & celles de *Benedictus* & *Magnificat* aufdits Grand-
Vicaires ; fans que ceux qui porteront la Chappe puiffent contrevenir
à cet ordre, ny annoncer lefdits premiers Pfeaumes & Antiennes aufdits
Grand-Vicaires lors que les Bénéficiers Prêtres feront préfens pour
les chanter, à moins qu'ils n'annoncent les Antiennes fuivantes aux
Chanoines Prêtres : QU'attendu qu'il appartient à celuy qui pré-
fide dans le Chœur d'envoyer à l'encens, recevoir la paix le premier ,
donner le premier l'Eau-benifte les Dimanches pendant Tierces , & recevoir le falut de ceux qui viennent tard à Matines pour avoir leur entrée ; lefdits Grand-Vicaires Prêtres feront ces fonctions & recevront
ces honneurs en l'abfence & au défaut des Chanoines Prêtres, à l'exclufion des Chanoines-Diacres, qui ne font aucunes fonctions Sa-
cerdotales, & même à l'exclufion de l'officiant qui fe trouvera d'un
ordre inférieur au Grand-Vicaire ; le tout fuivant l'ufage & la difcipline de l'Eglife : QUE les Tables de l'Office du Chœur ne feront
affichées qu'après qu'elles auront efté vifées & fignées du fieur Chantre , ou en fon abfence d'une Dignité ou Chanoine , fans que le
Clerc dudit fieur Chantre , puiffe regler les cérémonies & fonctions
de l'Eglife, à fa volonté : QUE lors que lefdits Grand-Vicaires fe
trouveront avoir remply 'les fonctions de leurs Bénéfices pendant 50.
ans, ils jouïront comme les Chanoines du privilége de Jubilaire, &
feront tenus préfens aux Offices du Chœur ; ce fefant, que ledit Maiftre Chriftophle le Févre, qui a efté reçu Grand-Vicaire de Saint
Maur en 1638. il y a préfentement 53. ans paffez, jouïra dudit Privilége
de Jubilaire , & fera tenu préfent aufdits Offices : QUE fuivant les
Conclufions prifes au procès par ledit Maiftre Abraham Blondel Souchantre , & lefdits Grand-Vicaires ; Défenfes feront faites aux Chanoines , de tenir leurs affemblées capitulaires pendant la Grand-Meffe
& Vêpres, comme ils font trois jours la femaine durant le Carême,
ce qui fait que fouvent il n'y a point de Chanoines aufdits Offices, &
que lefdits Grand-Vicaires s'y trouvent chargez de tout l'Office & affiftance : & enfin QUE fuivant l'établiffement defdits Grand-Vicaires
en ladite Eglife de Paris, par la Charte de 1006. faite pour celuy de
Saint Maur des Foffez ; lefdits Grand-Vicaires feront introduits , infta-
lez & reçus au Chapitre, pour y eftre toûjours , & jouïr des droits
comme les autres Chanoines *velut unus noftrum* ; & qu'ayant vécu &
mourant dans le Service de l'Eglife en la défferte de leur Bénéfice ,
fuivant ladite Charte, & les Actes capitulaires produits au procès ; en
payant pareille fomme que les Chanoines aufdits du Chapitre de Paris ;
incontinent après le décès de chacun Grand-Vicaire, le corps du défunt
Grand-Vicaire fera inhumé de la même maniere que celuy d'un autre Chanoine de ladite Eglife , avec les mêmes fonneries , ornemens , prieres , &
cérémonies ; fera porté dans le Chœur ou la Meffe fera célébrée &
les autres Offices chantez, tant la veille que le jour de l'Enterrement,
& enfuite inhumé au lieu qu'il aura choify ; le tout par le fieur

S

Doyen ou la plus ancienne Dignité en son absence. Memoire desdits du Chapitre de Paris du 16. Janvier 1692. servant de défenses à
la demande desdits Vicaires-perpétuels portée par ladite Requeste du
15. Decembre 1691. Autre Requeste de Maistre Jacques François
Crevel Grand-Vicaire de Saint Marcel en l'Eglise de Paris, & François
Nicolas Jamin Grand-Vicaire de Saint Denys de la Chartre en ladite Eglise de Paris; tendant A ce qu'il plaise à Sa Majesté les recevoir
à reprendre le procès d'entre le Chapitre de Paris, les autres Grand-
Vicaires de ladite Eglise, les Chapitres de Saint Marcel & Saint Germain de l'Auxerrois, & le sieur Testu Prieur de Saint Denys de la
Chartre, Patrons de trois des six Grand-Vicairies de ladite Eglise
de Paris: & ce, au lieu de Maistre Laurent Jôvet cy-devant Grand-
Vicaire de Saint Marcel, & de défunt Maistre François le Marchand
vivant Grand-Vicaire de Saint Denys de la Chartre; pour estre l'Arrest qui interviendra sur ledit procès, rendu commun entre lesdits Crevel & Jamin & les autres Grand Vicaires, & executé à leur profit, ainsi
qu'il le poura estre au profit desdits autres Grand Vicaires; & donner
Acte ausdits Crevel & Jamin, de ce que pour tous moyens, écritures
& production en iceluy procès, ils employoient tout ce qui avoit
esté dit & produit par les autres Grand-Vicaires & Patrons. Toutes
les autres Pieces & Memoires des Parties, qui ont esté mises pardevers ledit sieur Archevêque de Paris, Duc & Pair de France, Commandeur des Ordres de Sa Majesté, Commissaire à ce deputé; Après
que les Parties ont esté entendues diverses fois: OUY le rapport dudit sieur Archevêque de Paris.

LE ROY estant en son Conseil à disjoint les instances mentionnées & comprises en l'Arrest du Conseil du 22. Juillet 1638. avec
les Incidens en dépendans qui y avoient esté joints, contenus en la
Requeste du Chapitre de Paris du 12. Février 1691. Et fesant droit
sur le surplus des demandes, & sur les appellations; sans s'arrester à
l'intervention du Chapitre de S. Maur des Fossez;

I.

A l'égard de l'appel comme d'abus dudit le Mercier, de la Conclusion capitulaire du 16. Mars 1688. dit qu'il n'y a abus.

I I.

Ordonne que lesdits Percheron, le Blond, le Mercier, le Févre,
& lesdits Crevel & Jamin qui ont repris, ledit Crevel au lieu dudit
Jôvet, & ledit Jamin en la place dudit le Marchand; ne pourront se
dire & qualifier que Vicaires-perpétuels en l'Eglise de Paris, chacun
de l'Eglise & Communauté qu'il réprésente.

I I I.

Pourront lesdits Percheron, le Blond, le Mercier, le Févre, Crevel & Jamin, & leurs Successeurs Vicaires; résigner, permuter & dis-
poser librement de leurs Vicairies, ainsi qu'ils aviseront bon estre; sans
préjudice aux Chapitres de Saint Germain de l'Auxerrois & de Saint

Marcel, & aux autres Patrons, de leur droit de préſentation & nomination auſdites Vicairies lors que le cas y échera.

IV.

Auront à l'avenir leſdits Percheron, le Blond, le Mercier, le Févre,
Crevel & Jamin, chacun par jour 13. ſols de diſtribution à l'Office
des Heures canoniales, en aſſiſtant par eux à toutes leſdites Heures :
ſinon en cas d'abſence, leur ſera diminué; pour la Meſſe, cinq ſols; pour
Vêpres, trois ſols; & aux cinq petites Heures de Primes, Tierces, Sextes,
Nones & Complies, un ſol pour chaque.

V.

Ne ſera diſtribué du Sel provenant de la fondation du Roy Louis
XII. qu'aux Doyen, Chanoines & Chapitre de Paris ſeulement, en
payant par eux le prix du Marchand conformément aux Lettres Patentes du mois d'Aouſt 1498. ſans que ledit prix du Marchand & les
autres frais puiſſent eſtre pris ſur le fonds de l'Office des Anniverſaires.

VI.

Seront les diſtributions faites aux Obits & Anniverſaires, ſur le
pied quelles ſont en l'eſtat preſent; ſans qu'il puiſſe y eſtre rien in-
noué: à cette fin ſera fait par le Chapitre un nouveau Martyrologe
des fondations deſdits Obits & Anniverſaires, dans lequel ſeront écrites celles qui ſe feront à l'avenir.

VII.

Ne ſeront faits aucuns baux à vie, des biens appartenans au Chapitre; ſi ce n'eſt qu'il y euſt néceſſité de le faire; auquel cas le Chapitre ſe pourvoira en Juſtice pour en avoir la permiſſion.

VIII.

La part de chaque abſent en la ſomme de 774. livres qui fait partie du manuel de Matines provenans de 236. livres de l'ancienne diſtribution de 4. livres à chacun des 51. Dimanches & des ſept Fêtes de
la Vierge, de la fondation du ſieur Seguier Doyen de ladite Egliſe de
Paris; de 300. livres pour d'anciennes fondations de Matines; & de
238. livres pour les 100. ſols & les 6. livres, qui ſe prennent ſur les diſtributions des Obits dont les Laudes ſe diſent la nuit après Matines;
accroiſtra aux préſens: & pour le ſurplus dudit manuel, & le mereau de
Matines, ils ne ſeront ſujets à aucun accroiſſement.

IX.

Pourront les Doyen, Chanoines & Chapitre de Paris, diſpoſer par
vente ou autrement, de leurs Maiſons du Cloiſtre comme ils ont fait
par le paſſé; ſans que leſdits Percheron, le Blond, le Mercier, le
Févre, Crevel & Jamin, & leurs ſucceſſeurs auſdites Vicairies, en puiſſent accepter de réſignations, ny en acquerir aucune, ſous quelque pré-
texte que ce ſoit, ſans l'expreſſe permiſſion & conſentement du Chapitre: & pour l'employ du prix deſdites Maiſons du Cloiſtre, il ſera
fait par ledit Chapitre en la maniere qu'il le trouvera plus à propos,

tant au profit des capitulans qu'autrement pour le bien & utilité de ladite Eglife de Paris ; fans que lefdits Vicaires puiffent prétendre a-voir aucune part dans ce qui reftera dudit prix après la déftination faite de Partie d'iceluy par le Chapitre pour une fondation d'Obit pour le Chanoine par le décès duquel la Maifon aura vaqué.

X.

Permet aufdits Doyen, Chanoines & Chapitre, de louer leurs mai-fons du Cloiftre ainfi qu'ils ont fait cy-devant, jufqu'à ce qu'autrement en ait efté ordonné par Sa Majefté, qui s'en eft refervé la connoiffance, & la interdite à toutes Cours & Juges.

XI.

Auront lefdits Percheron, le Blond, le Mercier, le Févre, Crevel & Jamin, leur gain franc pour leur diftribution à l'Office des Heures pendant fix femaines d'abfence de chaque année ; & pour les autres Offices, en fera ufé à leur égard comme par le paffé.

XII.

A mis & met les appellations interjetées des Sentences des Requê-tes du Palais des 23. & 27. Aouft 1686. & ce dont a efté appelé, au néant : & en confequence ; ordonne, que pour la reception des Vicaires en leurs Vicairies ; pour leurs céremonies mortuaires ; pour l'ordre dans les Tables ; pour l'appel au Synode ; pour leur Séance ; pour leur mar-che aux Proceffions, Stations, Offertes & Adorations ; pour la Paix, l'Encens, & l'Eaubenite ; pour les femaines defdits Vicaires, & femaines communes ; pour ce qui concerne de porter la Châppe la veille de Noël, & d'entonner les premiers Verfets de chaque Pfeaume aux Vépres des jours de Simples & Féries ; pour l'annonce, & ce qui eft d'entonner des Pfeaumes, Antiennes & Cantiques ; & pour toutes les autres fonctions & Services defdits Percheron, le Blond, le Mercier, le Févre, Crevel & Jamin, en ladite qualité de Vicaires, il en fera ufé comme avant lef-dites Sentences, fuivant les Reglemens & Ufages de l'Eglife de Paris ; à quoy Sa Majefté n'entent & ne veut qu'il foit innové & contrevenu directement ou indirectement.

XIII.

Seront les Regiftres capitulaires, comptes & martyrologes de l'Eglife de Paris produits au procès par lefdits Vicaires, rendus audit Chapi-tre ; quoy fefant le dépofitaire, ou celuy qui les a en fa poffeffion, en demeurera valablement déchargé.

XIV.

Ne feront les Tables de l'Office du Chœur affichées, que lorfqu'el-les feront en la forme ordinaire.

XV.

Continuera ledit Chapitre de Paris de payer par chacun an, pour les Penfions ou Gros dus aux Eglifes de Saint Maur des Foffez, de Saint Denys de la Chartre, de Saint Germain de l'Auxerrois, & de Saint Marcel, favoir, 10. livres au Vicaire de Saint Maur, 8. livres 15

fols,

fols audit Teſtu Prieur de Saint Denys de la Chartre, 25. fols au Vicaire de Saint Denys de la Chartre; 10. livres au Chapitre de Saint Germain de l'Auxerrois, & pareille ſomme de 10. livres au Chapitre de Saint Marcel; avec les arrerages échus; à l'égard deſdits Chapitres de Saint Germain & de Saint Marcel depuis 1623. & ceux qui ont eu cours, pour le régard deſdites Egliſes de Saint Denys de la Chartre & de Saint Maur; à compter des jours des Priſes de poſſeſſion deſdits Vicaires de Saint Maur & de Saint Denys de la Chartre, & dudit Teſtu; le tout en deniers ou quitances valables.

XVI.

Sur l'appel de la Sentence du 5. Février 1511. & le ſurplus des demandes, fins & concluſions; met Sa Majeſté les Parties hors de Cour & de procès: ſauf au Chapitre à faire remettre des lutrins dans le Chœur de l'Egliſe de Paris, s'il l'eſtime neceſſaire; tous dépens compenſez entre toutes les Parties.

FAIT au Conſeil d'Etat du Roy, Sa Majeſté y étant, tenu à Verſailles le dix-huitieme Avril mil ſix cens quatre-vints-douze, Signé, PHELIPEAUX.

293

www.ingramcontent.com/pod-product-compliance
Lightning Source LLC
Chambersburg PA
CBHW032248210326
41521CB00031B/1685